三十六计精译

诵读版

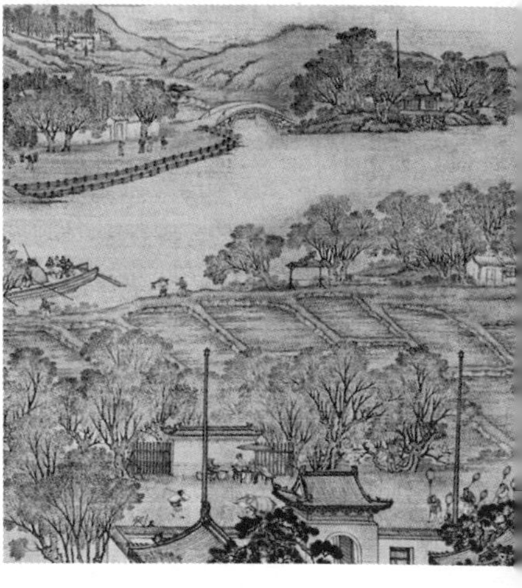

卢桢◎译

中国纺织出版社

内容提要

《三十六计》是一部中国人不可不读的国学经典，它融合了三十六个古代兵法谋略，集历代“韬略”、“诡道”之大成，素有兵法宝典和谋略奇书之称，也是中华民族的悠久文化遗产之一。《三十六计》中蕴含了丰富的思辨精神和人生经验，它能使人在学习古人智慧的过程中得到诸多启发，掌握为人处世的深邃道理。无论是为人、谋事，还是经商从政，它都有积极的借鉴指导意义。本书中每计都附有原文计名、计名释义、解语按语、注释译文、原典出处以及与这些计谋相关的古代战例等几个模块，力求做到浅显易懂、言简意赅，使读者通过小文字领悟大道理。

图书在版编目（CIP）数据

三十六计精译：诵读版 / 卢桢译. —北京：中国纺织出版社，2016. 11

（南开中华典藏文库）

ISBN 978-7-5180-1787-4

Ⅰ. ①三… Ⅱ. ①卢… Ⅲ. ①兵法—中国—古代②《三十六计》—译文 Ⅳ. ① E892. 2

中国版本图书馆 CIP 数据核字（2015）第 151842 号

策划编辑：陈　芳　　朗诵者：王　悦　　责任印制：储志伟

中国纺织出版社出版发行

地址：北京市朝阳区百子湾东里 A407 号楼　邮政编码：100124

销售电话：010—67004422　传真：010—87155801

http: //www.c-textilep.com

E-mail: faxing@c-textilep.com

中国纺织出版社天猫旗舰店

官方微博 http: //weibo.com/2119887771

北京佳信达欣艺术印刷有限公司印刷　各地新华书店经销

2016 年 11 月第 1 版第 1 次印刷

开本：710 × 1000　1/16　印张：10.75

字数：114 千字　定价：26. 80 元

南开中华典藏文库

编委会名单

序

从浩如烟海的中华文化典籍中，撷取最为经典的作品以飨读者，无疑是一项艰巨而有意义的工程。

自古及今，各家选本和丛刊各具特色，又殊途同归。不同时代，不同的政治标准和美学理想，会产生不同的典藏取舍。时至今日，随着国学的兴盛和图书市场的发展，越来越多的典藏选本出现。百花繁盛的同时，我们也感到一点忧虑。国学之盛，其间未必没有炒作的意味；而各家逐利，也少不了一些粗制滥造。如何编纂校勘真正优秀的典籍，让读者不被花样繁出的选本迷惑，也就成为国学图书热中有特殊意义的工作。

南开大学语文教育研究中心成立以来，致力于大学语文的改革和教学，已经成为该领域居国内领先地位的学术组织。国家级优秀教学成果、国家级精品课程、国家教学名师和国家级教学团队，各项成绩均指向大学母语教育和经典传承的工作。相对来说，中心在面向社会的语文教育方面，用力较少。这次，在出版方邀约之下，我中心教师戮力协作，推出这套“南开中华典藏文库”。希望给社会读者带来留得住、值得看的中华经典译本注本，也有在国学图书热的市场上正源清流的意思。

国学图书虽多，由国家级教学团队集体为之的精品译本注本，尚属首次。

序

当然，具体编译者的水平不一，这套丛书估计还存在一些问题，也期待未来方家批评和指正。

南开大学语文教育研究中心

2016 年 9 月

前言

《三十六计》或称“三十六策”，是指中国古代三十六个兵法策略。它的原书至今无准确年代和著者可考，成书时间大约在明清以后。它是根据我国古代卓越的军事思想和丰富的斗争经验总结而成的兵书，集历代“韬略”、“诡道”之大成，素有“兵法宝典”和“谋略奇书”之称，也是中华民族的悠久文化遗产之一。

《三十六计》的谋略与我国另一部文化遗产《易经》的关系极为密切，全书引用《易经》内容达二十七处，涉及《易经》六十四卦中的二十二卦，并按照战争中的实际运用分为六套。按计名排列，依次为胜战计、敌战计、攻战计、混战计、并战计、败战计。前三套是我方处于优势时所用之计，后三套是我方处于劣势时所用之计。每套各包含六计，总共三十六计。其中每计名称之后的解说，都是古人依据《易经》中的阴阳变化之理及古代兵家刚柔、奇正、攻防、彼己、虚实、主客等对立关系相互转化的思想推演而成的，含有朴素的军事辩证法之要素。解说后的按语，多是以宋代之前的经典战例作为引证，有时辅以孙武、吴起等兵家的精辟论断作为论据。据考证，按语与计名和解语并不是同时完成的，它是一代代军事学家、文学家、哲学家集体智慧的结晶。为了便于人们熟记这些妙计，有人就从三十六个计名中各取一字，依序组成一首五言诗：金玉檀公策，借以擒劫贼，鱼蛇海间笑，羊虎桃桑隔，树暗走痴故，釜空苦远客，屋梁有美尸，击魏连伐虢。

对青少年朋友而言，了解三十六计的目的并不是学会奸诈用巧、机心玲珑，而是通过学习这些谋略，了解相关的古代历史典故，学习蕴含在每一计谋中的思辨精神和人生经验，从而获得智慧的启发，掌握为人处世的深邃道理。为了便于青少年朋友理解原文，本书中每一计都附有原文计名、计名释义、解语按语、注释、译文、原典出处以及与这些计谋相关的古代战例等几个模块，力求做到浅显易懂、言简意赅，使青少年朋友能够读小文字，知大道理。

卢桢

2016 年 5 月

目录

总说

目录

第三套 攻战计

第四套 混战计

目录

第五套　并战计

第六套　败战计

总说

【原典】

六六三十六[1]，数中有术，术中有数[2]。阴阳燮理[3]，机[4]在其中。机不可设[5]，设则不中。

【按语】

解语重数不重理[6]。盖理，术语[7]自明；而数，则在言外。若徒知术之为术，而不知术中有数，则术多不应。且诡谋权术[8]，原在事理之中，人情[9]之内。倘事出不经[10]，则诡异[11]立见，诧[12]世惑俗，而机谋泄矣。或曰：三十六计中，每六计成为一套，第一套为胜战计；第二套为敌战计；第三套为攻战计；第四套为混战计；第五套为并战计；第六套为败战计。

【注释】

①六六三十六：《三十六计》的解语多引用《周易》中的词句或者思想。“六”在《易经》中是阴爻、阴数之称。因此后来常常以“六”代表“阴”。这里，用《易经》中表示阴数的“六”来表示军事斗争中的智谋，也可理解为“阴谋”。用《易经》中的太阴“六六”之数来表示阴谋变化多端。军事斗争中的谋略变化无穷、千奇百怪，并非三十六个计谋所能涵盖。三十六计，只是借用太阴“六六”之数，对古代举不胜举的军事斗争计谋的

部分总结。

②数：原指数目、数字，后来引申为客观规律。这里指敌我双方的力量对比、战场的实际状况等客观情况。术：即方法、手段，权术、计谋。

③中国传统哲学认为，宇宙中存在着贯通物质和人事的两个基本对立面，即“阴”和“阳”。古时人们见万物万象都有正反两方面，此种两极的现象普遍于一切，于是成立阴阳二观念。阴阳燮理：即阴阳相互协调的道理。

④机：技巧，谋略。

⑤设：设想、谋划。

⑥理：一般的事理。

⑦术语：对每条计谋进行说明的解语。

⑧权术：权谋，手段。

⑨人情：一般规律以及人们对这些规律的认识。

⑩不经：不合常规。

⑪诡异：这里指诡诈不经之处。

⑫诧：使……惊诧。

【译文】

太阴六六之数相乘为三十六，在客观的实际状况中包含着军事斗争的谋略，军事斗争谋略的运用也要根据客观情况的变化及其发展规律。认识和掌握了军事活动中的对立统一规律，就能够从中把握和运用军事谋略。谋略不能离开客观状况和规律而仅仅通过主观臆想，如果单凭主观想象去谋划，肯定不会达到军事活动的目的。

按语：我们所做的解语着重解释的都是客观的规律和适用这些规律的实际状况，而不是讲述一般的道理。因为一般的道理在计谋的说明中就已经很明确了；而其中所隐含的规律，却是在解语之外的。如果人们只知道作为规律实际运用的计谋，而不知道这些计谋包含的规律和之所以成功的原因，那么计谋就很容易流于生搬硬套而失败。况且任何诡诈的计谋原本就是在一般的道理之中和普遍的人情之内的。如果脱离了人情和事理而刻意进行设计，违背了人们的一般常识，那么它的诡诈和异常必然马上显现出来，这样就会引起人们的诧异和警惕，计谋也就因此败露了。有人说：这三十六种计谋，每六种成为一套，共分六套。第一套称为胜战计，第二套称为敌战计，第三套称为攻战计，第四套称为混战计，第五套称为并战计，第六套称为败战计。

第一套　胜战计

“胜战计”包括瞒天过海、围魏救赵、借刀杀人、以逸待劳、趁火打劫及声东击西共六计。“胜战”之计，指的是我方处于绝对优势条件下应该使用的计谋，属君御臣、大国御小国之术。当然，即使处于战略上的优势地位，也应深谋远虑，切不可妄自尊大。应该冷静分析谋算敌我形势之消长变化，查清敌情，区分对待，以争取最大的胜利。本套计策考虑到在我强敌弱情况下可能面对的几种局面，分别从“欺之、分之、假借、伺机、趁势、利用”六个方面展开介绍。

第一计　瞒天过海

【释义】

瞒天过海，本指光天化日之下不让天知道就偷渡过了大海。比喻用伪装和谎言向对方隐瞒自己的真实意图，而在背地里偷偷地行动。

【原典】

备周则意怠[1]，常见则不疑。阴在阳之内，不在阳之对[2]。太阳，太阴[3]。

【按语】

阴谋作为，不能于背时秘处[4]行之。夜半行窃，僻巷杀人，愚俗之行[5]，非谋士[6]之所为也。昔孔融被围[7]，太史慈[8]将突围求救。乃带鞭弯弓，将两骑自从，各作一的[9]持之。开门出，围内外观者并骇。慈竟引马至城下堑内，植[10]所持的射之。射毕，还。明日复然，围下之人或起或卧。如是者再，乃无复起者。慈遂严行蓐食，鞭马直突其围；比[11]敌觉，则驰去数里矣。

【注释】

①备周则意怠：备：防备。周：周密、周到。意：意志、思想。怠：懈怠、松懈。

②阴在阳之内，不在阳之对：阴：这里指的是机密、隐蔽。阳：这里指的是公开、暴露。阴阳是中国古代传统哲学和文化思想的基点，其思想笼罩着大千宇宙、细末尘埃，并影响到意识形态的一切领域。阴阳学说是把宇宙万物作为对立的统一体来看待，

表现出朴素的辩证思想。阴、阳二字早在甲骨文、金文中出现过，但作为阴气、阳气的阴阳学说，最早是由道家始祖楚国人老子所倡导，并非《易经》提出。

③太阳、太阴：太：极大。

④背时：秘密的时间。秘处：隐秘之处。

⑤愚俗之行：愚：愚蠢。俗：庸俗，鄙俗。全句意为：这是愚蠢、鄙俗的行为。

⑥谋士：智谋之士。

⑦孔融：孔融，字文举，鲁国人。东汉末年曾任北海太守。孔融被围：是指孔融任北海太守时，被黄巾军管亥率军包围之事。

⑧太史慈：东汉末年人，智勇兼备。曾奉母命前往救援被黄巾军围困的孔融。

⑨的（dì）：箭靶的中心，常代指箭靶子。

⑩植：这里指竖立。

⑪比：在此作“等到”解。

【译文】

自以为防范得很周密了，往往容易导致思想麻痹、松懈轻敌，以至于对常见的事情不会再产生疑惑，丧失警惕。其实，阴谋诡计往往隐藏在公开的事物之中，而不在公开事物的对立面上。有时候，所谓“正大光明”的事物当中往往隐藏着不可告人的秘密。

按语：通过诡诈的计谋取得成功，不能在背着人的时候或隐蔽的地方进行。趁黑夜行窃，在僻静的巷子里取人性命，这些都是愚蠢粗劣的行为，真正的智谋之士是不会这样干的。东汉末年，孔融在北海被黄巾军围困，太史慈要设法突围救援，便骑着马，执着鞭，带上弓箭，领着两名骑士做随从，并让骑士每人手持一个箭靶跟着自己，打开城门走了出来。这时，城内的守军和城外的敌军都大为惊骇，却只见太史慈等人牵着马走到了城墙外的护城河边，在那里让随从立上箭靶，旁若无人地练习射箭。练完了箭，便又回城了。第二天又照样如此，那些围城的士兵便有的躺着，有的站着观看，神色不显得那么吃惊了。太史慈如此这般一连练习了好几天，那些围城的士兵便习以为常，甚至一个个躺在地上不再理会他了。这时，太史慈却早已吃过饱饭，准备停当，于是便整装策马，径直冲出重围。等到敌兵明白过来时，他已经奔出数里之远了。

【探源】

“瞒天过海”这一成语的形成，应该与元初文人所杜撰的话本小说《薛仁贵征辽事略》中薛仁贵设计让唐太宗渡海的故事有关。贞观十七年（公元 643 年），唐太宗李世民率领三十万大军御驾亲征，并令张士贵作为前部总管。一天，大军东进来到海边，太宗举目远望，看到眼前白浪排空、茫茫无际，不免愁上眉梢。急召众将问渡海之计，众将无一人能回答，只得面面相觑、一片沉寂。尉迟恭说：“可以问一问作战总指挥张士贵。”于是太宗向张士贵询问跨海之道，张士贵自己没有主意，只得将智勇双全的名将薛仁贵请到帐下商议。薛仁贵一副胸有成竹的样子，说道：“皇上担心大海阻隔，无法讨伐辽东。其实这没什么困难的，只要依照我的计策，就能让大部队顺利渡过横贯千里的大海。”

第二天，太宗再问群臣有无过海之计时，张士贵便按与薛仁贵商议的计谋禀报太宗，说居住在海边的一个乡绅请求见驾，声称他的家中已经为大军备下过海军粮。太宗听罢非常高兴，便率领百官随这位乡绅来到他的家中。只见他家的诸多房屋都被一张彩绣帷幔遮盖，帷幔之中设有一座华丽的殿堂，堂内绣幔锦彩、茵褥盖地，陈设富丽堂皇。太宗十分高兴，并赐宴群臣，与这位乡绅和众将共饮，一派热闹景象。

酒酣之时，太宗忽然觉得四周狂风大作、涛声如雷，杯盏倾侧、人不自持。太宗吃惊不小，急忙让近臣去探询。近侍揭开帷幕，只见四周漫天海水，水光接天。这哪里是在屋中做客，分明就是在海上航行啊。太宗如坠雾中，不明就里，忙问事情原委。张士贵这才起身奏明：这正是他和薛仁贵商定的“瞒天过海”之计，那位乡绅其实就是薛仁贵乔装假扮的。借助这风势，大部队正可乘船过海，到达对岸。太宗起初还是不大相信，于是急忙站起身来环望四周，这才发现哪还有什么陆地，三十万大军都已登船，并且将要安全靠岸了。

【用计例说】

《隋书·贺若弼传》中记载，开皇九年（公元589年），隋朝大举攻打陈国，隋文帝任命大将军贺若弼为行军总管。大军将要渡江时，贺若弼率众举行祭祀求福，他说："我这次身负皇恩将要征讨远方，振兴国威，讨伐那些不安分之人，剪除那些凶恶残暴之徒。上天、长江，我做的这些事请你们看在眼里，如果能够赐福给善人，降祸给恶人，大军就会渡江顺利；如果事与愿违，被江水吞没死在鱼腹之中，我也没有什么遗憾愤恨的。"在这之前，贺若弼经常组织沿长江布防的军队换防交接，而且每次都命令部队于历阳（也就是今天安徽省和县一带）集中，张扬声势。于是每次交接之时，历阳城都会竖起许多旗帜，漫山遍野都是营帐，这就让陈国人以为隋朝大兵已至，便让城中所有军队全体出动组织防御，等待隋军进攻。当知道隋军仅仅是在换防交接，并不是攻打自己之后，陈军又散去了。贺若弼多次这样布置换防之后，陈军便产生了思想懈怠，以为这是敌人正常的军事调动，戒备也便松懈下来。等到此时，贺若弼利用陈军存在的常见不疑的心理，亲率大军渡江，陈朝人竟没有察觉。隋朝大军出奇制胜如天兵压顶，并一鼓作气打下了陈国的南徐州（今天的江苏省镇江市一带），俘获了南徐州刺史黄恪，取得辉煌的胜利。

第二计　围魏救赵

【释义】

围魏救赵，原指战国时期齐国用围攻魏国的方法，迫使魏撤回攻打赵国古都邯郸的部队而使邯郸得救。后指袭击敌人后方的据点以迫使进攻之敌撤退的战术。现借指用包抄敌人的后方来迫使它撤兵的战术。

【原典】

共敌不如分敌[①]，敌阳不如敌阴[②]。

【按语】

治兵如治水：锐者避其锋，如导疏；弱者塞其虚，如筑堰。故当齐救赵时[③]，孙膑谓田忌曰："夫解杂乱纠纷者不控拳[④]，救斗者不搏撠[⑤]。批亢捣虚[⑥]，形格势禁[⑦]，则自为解耳。"

【注释】

①共敌不如分敌：共：集中。敌：打击。共敌：也可解释为集中的敌人。分敌：这里指的是分散的敌人，或者解释为使敌人分散。

②敌阳不如敌阴：敌：攻打。阳：这里是指公开、正面、先发制人。阴：这里是指隐蔽、侧面、后发制人。

③指公元前353年，魏国攻打赵国，包围赵国都城邯郸，赵国抵挡不住，向齐国求救。齐国派田忌为主帅、孙膑为军师率军救赵。

④杂乱纠纷：形容丝线等交错纠结，无条理。控拳：伸出拳

头击打。

⑤搏撒：这里指揪住。

⑥批亢捣虚：指扼其要害而击其空虚。亢：比喻要害之处。

⑦形格势禁：指通过形势来阻碍或限制。

【译文】

攻打敌人的集中兵力，不如用计使其分散后再打；从正面攻打敌人的强盛部位，不如从侧面攻打敌人的薄弱环节，乘敌空虚后发制人。

按语：军事斗争与治理洪水有类似之处：敌人势头强大，就要避其锋芒，如同用疏导之法让洪水分流；应对相对弱小的敌人，就要抓住时机打击其最虚弱的环节，就像筑堤阻水一样直接给予拦截。所以当齐国解救赵国邯郸之围时，孙膑曾对田忌说："想解开杂乱打结的绳索时，切不可用拳头使劲去击打或是撕扯，只能冷静地找到它的结头，用手指耐心去解开；假如劝解两个人互相的打斗纠纷，只能动口劝说，千万不能卷进去打成一团。对付敌人时，应当避实就虚，攻其要害，使敌方受到牵制，争斗自然就会结束。"

【探源】

"围魏救赵"的典故出自《史记·孙子吴起列传》，讲的是战国时期齐国与魏国的桂陵之战。公元前354年，赵国进攻卫国，迫使卫国屈服于它。卫国原来是魏国的属国，现在改向亲附赵国，魏惠王非常恼火，决定派大将庞涓带领八万军队讨伐赵国。不到一年时间，庞涓便攻到了赵国的国都邯郸。赵国国君赵成侯急难中只好向盟友齐国求救，并许诺解围后以中山相赠。齐威王应允，打算任用孙膑为主将，孙膑辞谢说："受过酷刑的人，不能任主将。"于是就任命田忌做主将，孙膑做军师暗中谋划，带兵八万去救援赵国。当田忌与孙膑率兵进入魏赵交界之地时，田忌本想率军直接去赵国都城邯郸，在那里与魏军展开正面交锋，以解赵国之围。但孙膑认为此法不妥，并分析道："平息纠纷需要抓住要害，乘虚取势，双方因受到制约才能自然分开。眼下魏国精兵倾国而出攻打赵国，其国内防御相当空虚。倘若我们避实就虚，佯攻魏国的军事要地——襄陵，以麻痹魏军，而大军主力则绕道而行去攻打魏国首都大梁，占据他们的交通要道，袭击他们防守空虚的地方，那魏军主力必定放弃赵国而回兵自救，这样一来赵国的危机便会自行消除。我们再于中途设下埋伏，伏击庞涓大军，就必然可以取得胜利。"田忌依计而行派兵攻打魏国，庞涓听到魏国都城遭到围攻，只好火速返回救援，行至桂陵时遭到了孙膑的伏击。魏国部卒长途疲惫，被打得落花流水，溃不成军。庞涓勉强收拾残部，败退大梁，齐师大胜，赵国之围遂解。这便是历史上著名的"围魏救赵"的典故。

【用计例说】

"围魏救赵"是指当敌军过于强大时，一味地硬碰，无异于以卵击石。因此，应当采用分流的方法避其锋芒，迂回而行攻其薄弱部位，从而达到后发制人的效果。这一计策的奥秘所在，是不要就事论事，头痛医头，脚痛医脚。而应全盘分析事态，擅于抓住对方的要害和薄弱环节，把强敌化整为零、分而治之，也就是避高就下、避实击虚、避强攻弱、避锐击衰的战术。太平天国将领李秀成"妙计救天京"的故事正是对这一计策的妙用。太平天国运动后期，斗争形势的发展日渐对农民起义军不利。公元1860年，清廷派和春率领数十万大军攻打太平天国的都城天京（今江苏南京）。清军武器精良，人数众多，仅数日就攻下了天京周边的县城，大军合流之后围攻天京城，眼看就要形成破城之势。为了解天京之围，天王洪秀全召集诸位王公将领商讨退敌之策，面对如此危局，众将面面相觑，无计可施。此时，年轻的忠王李秀成心生一计，向天王禀奏："如今敌军数量是我们的数倍，以我之兵退数倍之敌，即使胜了，我们自身的损耗也是极大的。倒不如请天王拨给我两万人马，让我带兵突围之后偷袭杭州，那里是清军屯粮之地。粮草有失，敌人必定慌乱回援。天王可趁此时机迅速突围，我也在杭州回兵天京，对敌人形成首尾夹击之势，这样必可化解天京之围！”天王和众将听后一致认为这正是“围魏救赵”的好计策，一致决定采用，并派英王陈玉成协助李秀成作战。

是年正月初二，正值春节，趁清军精神松懈之际，李秀成、陈玉成各率一支精兵由城南突围。清将和春看到是二王突围且所带人数不多，便也不以为然，没有令人追击。二王突围后，兵分两路，李秀成作为主力攻打杭州，陈玉成作为策应直奔湖州。二王果敢英勇且有勇有谋，经过三天苦战一举攻克杭州，烧毁了清军的粮草。和春闻讯，后悔不已，急令副将率十万人马火速回援杭州。如此一来，洪秀全见时机已到，下令打开城门，全线出击。清军始料未及，阵势大乱，一场惨败不可避免。年轻的李秀成初出茅庐，便取得一场大胜。

第三计　借刀杀人

【释义】

借刀杀人，是借他人之手或他人之力来铲除异己或达到自己目的的一种手段。杀人是广义的，也是狭义的。这是一条为了保存自己的实力而巧妙地利用矛盾的谋略，在对付敌人的时候，自己不动手，而利用第三者的力量去攻击敌人，用以保存自己的实力。再进一步，则巧妙地利用敌人的内部矛盾，使其自相残杀，以达到置敌于死地的目的。

【原典】

敌已明，友未定①，引②友杀敌，不自出力。以《损》推演③。

【按语】

敌象已露，而另一势力更张，将有所为，便应借此力以毁敌人。如：郑桓公将欲袭郐④，先向郐之豪杰、良臣、辨智、果敢之士，尽书姓名，择郐之良田赂之，为官爵之名而书之，因为设坛场郭门⑤之处而埋之，衅之以鸡猳⑥，若盟状。郐君以为内难也，而尽杀其良臣。桓公袭郐，遂取之。诸葛亮之和吴拒魏，及关羽围樊、襄，曹欲徙都，懿及蒋济说曹曰："刘备、孙权外亲内疏，关羽得志⑦，权心不愿也。可遣人劝蹑⑧其后，许割江南以封权，则樊围自释。"曹从之，羽遂见擒。

【注释】

①敌已明，友未定：指要打击的敌人已经明确，而盟友却持徘徊、观望的态度。"友"指军事上的盟者，也即除敌、我两方

之外的第三者中可以一时结盟而借力的人、集团或国家。

②引：引诱。

③以《损》推演：根据《易经·损》卦中的“损下益上”和“损阳益阴”的逻辑去推演。《损》：出自《易经·损》卦：“损：有孚，元吉，无咎，可贞，利有攸往。”孚：信用。元：大。贞：正。意指取抑省之道去行事，只要有诚心，就会有大的吉利。没有错失，合于正道，这样行事就可一切如意。又有《象》损卦：“损：损下益上，其道上行。”意指“损”与“益”的转化关系，借用盟友的力量去打击敌人，势必使盟友受到损失，但盟友的损失正可以换得自己的利益。

④郐（kuài）：西周的诸侯国，在今河南新密东南。

⑤郭门：外城门。

⑥衅：杀牲以血涂在新制成的器物上来祭祀。豭（jiā）：公猪。

⑦得志：愿望得以实现。

⑧蹑：跟踪，追随，这里指攻击。

【译文】

敌人已经明确，而盟友（泛指第三方力量）尚在犹豫之中，这时应极力设法引导盟友去攻打敌人，以保存自己的力量。这是根据《易经·损》卦的道理推演出来的计谋。

按语：敌对的征兆已经显露，如果又发现另一种势力正在发展壮大，并且不久就将有所作为，这时就应该借助这种力量去消灭敌人。例如郑桓公打算袭击郐国时，事先就去探问郐国有哪些豪杰、忠臣、良将、善辩之人和忠勇果敢之士，统计之后把他们的姓名全部列在了一个清单上，并又写明等打败郐国后，会把郐国的哪些良田分给他们，准备分封他们何种爵位。不仅如此，他又令人在城外广场修筑祭坛，将拟封爵赠田的名单埋在地下，杀鸡宰猪取血祭祀，就好像在订立盟约一样。郐国君王听说后，误以为这些人是郑国的内应，于是将这些良将贤臣统统杀掉。郑桓公便借此轻而易举地灭了郐国。再如诸葛亮曾经联合东吴抗拒曹魏，大破曹操于赤壁。关羽率部围困住樊城、襄阳之后，曹操万分惊恐，几欲迁都避难。这时，司马懿和蒋济向曹操建议说："孙刘两家虽然表面交好，实际貌合神离，内心疏远。如果关羽取胜了，那这个结果是孙权不愿意看到的。我们可以派人去劝说孙权攻击关羽后方，并许割江南之地封孙权，如此樊城之围就自然解除了。"曹操听从了他们的计策，关羽最终也因此成为孙权的俘虏。

【探源】

本计内容在春秋战国史书之中多见。春秋末期，齐简公任命国书为大将，兴兵讨伐鲁国。鲁国实力远远不及齐国，形势非常危急。孔子的弟子子贡分析形势，认为只有吴国的力量才可与齐国抗衡，可借吴国兵力挫败齐国的军队。于是，子贡就前往齐国，游说齐相田常。当时，田常正在积蓄力量谋求篡位，急欲铲除异己。子贡以"忧在外者攻其弱，忧在内者攻其强"的道理，劝田常不应让异己在攻弱鲁中获得主动，扩大势力范围，而应让其转攻吴国，以借强国之手实现自己铲除异己的目的。田常闻之心动，但因齐国已经做好了攻鲁的部署，再去攻打吴国怕师出无名。子贡说："这有何难，我这就动身去劝说吴国救鲁伐齐，这样一来，我们不就有了攻吴的理由了。"田常觉得这个计划可行，便欣然同意了。

子贡赶到吴国游说吴王夫差，向吴王进言道："如果齐国打下鲁国，势力就会变强大，下一个目标肯定是吴国。大王不如先下手为强，联鲁攻齐，吴国的霸业由此可成。"接着，子贡又想到吴国战胜齐国之后，定会要挟鲁国，使鲁国不能真正解危。于是，他马不停蹄地潜入晋国，向晋定公晓明个中利害：吴国伐齐成功，必定转而攻晋，争霸中原。他劝晋国加紧备战，以防吴国进犯。公元前484年，一场战争在子贡的精心谋划之下爆发了，吴王夫差攻打齐国，大获全胜。之后，骄傲狂妄的夫差马上移师攻打晋国。然而，晋国因早有防备而得以击退吴军。子贡在整个事件中所使用的就是"借刀杀人"之计，即先借吴国之"刀"击败齐国，再借晋国之"刀"灭了吴国的威风。而弱小的鲁国则在层层计策的保护下得以保全自身。他的这一次出使，使得诸侯国之间的原有格局被打破，这的确不是千军万马所能轻易做到的。

【用计例说】

明朝末年，努尔哈赤率军进犯明朝。1626年，他亲自率部围攻明朝的军事重镇宁远，且军士数量是明朝守军的十三倍。明将袁崇焕身先士卒，奋力抗敌。他以变化多端的计策以少胜多、以弱击强，极大挫伤了满军的士气，并击伤努尔哈赤，使他最终羞愧愤懑而死。皇太极即位后，发誓要打败袁崇焕，为父报仇。除了在战场上与之正面对峙外，皇太极还潜心用计，定下借刀杀人之计。他深知崇祯皇帝疑心重，肚量狭窄，于是派人以重金贿赂明朝朝内与袁崇焕不和的官员，让他们向崇祯告密，说袁崇焕拥兵自重，已经和满洲定下密约，故此满军才能深入内地。崇祯果然中计，将袁崇焕下狱问罪最终处死。满军没费吹灰之力便去除了心头大患，不久之后便彻底打败了明军，正式入主中原。

第四计　以逸待劳

【释义】

以逸待劳，多指作战时先不急于进攻，也不与敌人交战。而是采取守势，养精蓄锐，休养生息，让敌人来攻。待敌人疲惫之后，相机而动，主动出击，从而一举取胜。

【原典】

困敌之势①，不以战；损刚益柔②。

【按语】

此即致敌③之法也。兵书云："凡先处战地而待敌者佚④，后处战地而趋战者劳。故善战者，致人而不致于人。"兵书论敌，此为论势。则其旨非择地以待敌，而在以简驭繁，以不变应变，以小变应大变；以不动应动，以小动应大动，以枢应环也。如管仲寓军令于内政，实而备之；孙膑于马陵道⑤伏击庞涓；李牧守雁门⑥，久而不战，而实备之，战而大破匈奴。

【注释】

①势：兵势，根据一定的作战意图而部署兵力和掌握运用作战方式方法造成的一种客观态势，是军事力量的体现。困敌之势，即迫使敌人处于困顿的境地。

②损刚益柔：语出《易经·损》："损刚益柔有时者；损于昼而日渐短，益于夜而宵渐长，此以一日言也。"说的是，刚强和柔弱在时间上是相互转化的。在战争中，进攻者攻势猛烈，表面十分强大，但不能持久，容易疲惫，因而隐含着衰弱和失败的

因素；防守者坚守挨打，乍一看好像软弱，但不断地削弱敌人的优势改变自己的劣势，却蕴含着强大和胜利的因素。“刚”、“柔”相对的两方在一定的条件下可以相互转化。

③致敌：迷惑敌人。

④佚：同“逸”，休息。

⑤马陵道：古地名，位于今天河北省大名县。

⑥李牧：战国时赵国将军，曾在防范匈奴和抵抗秦国等战役中屡立战功。后因赵王中秦国的反间计而将其杀害。雁门：战国时赵地，为防御匈奴南下的重要关隘，在今山西省代县北部。

【译文】

造成使敌人处于穷困状态的战争态势，并不一定要采取直接进攻的方式，可以根据《易传》中“损刚益柔”的道理，善于利用事物之间刚柔、损益转化的规律消耗敌人的有生力量，以改变自己的被动局面。

按语：这是一条不断消耗敌人的计策。《孙子兵法》中说过：“一般来说，作战中先到达战地而等待敌人来战的，心态上就安逸从容一些；而后到达战地仓促应战的，就会显得疲劳紧张。所以，善于指挥打仗的人，能调动敌人却不被敌人调动。”兵书所论战争艺术，在这里是指掌握战争主动权的艺术。其宗旨不仅仅是指选择有利的地形驻军而等待敌人，主要是指要以简单的军事行动来应对烦琐的军事行动，以不变应万变，以小的变化应对大的变化；以己方的不动应对对手的运动，以较小的军队运动应对较大的军队运动，抓住关键以应对各个环节。如齐相管仲在治理齐国时，就把加强军事贯穿于加强内政的过程当中，运用的是实而备之的战略。即当敌人力量强大时，就会加强战备，以实实在在地充实军事力量；孙膑在马陵道以逸待劳伏击庞涓；李牧奉命防御雁门关，久驻不战，貌似怯懦，实际上却在加紧积聚自身力量，后来一战而大破匈奴。

【探源】

“以逸待劳”，一作“以佚待劳”，语出《孙子兵法·军争篇》：“故三军可夺气，将军可夺心。是故朝气锐，昼气惰，暮气归。故善用兵者，避其锐气，击其惰归，此治气者也。以治待乱，以静待哗，此治心者也。以近待远，以佚待劳，以饱待饥，此治力者也。”《虚实篇》中也说：“凡先处战地而待敌者佚，后处战地而趋战者劳。故善战者，致人而不致于人。能使敌人自至者，利之也；能使敌人不得至者，害之也。故敌佚能劳之，饱能饥之，安能动之。”《后汉书》卷十七《冯异传》亦云：“今先据城，以逸待劳，非所以争也”。“以逸待劳”一词的原意即指军事，说的是善于指挥战争的人，总能够依计调动敌人，而绝不会被敌人所调动。敌人气盛，自己则应以守势为主，并想方设法诱敌行动，使其身心疲惫，再选择合适的时机击发敌人，将其一举歼灭。此计所强调的重点在于：要在战争中获胜，不能完全采用进攻的方法。战争的关键不在于谁是进攻的一方，而是要通盘考虑战场的形势，以掌握主动权，相机而动，以不变应万变。既要调动自己的军力，也要想尽办法调动敌人的军力，为胜利创造战机。而决不让敌人调动自己，使自己陷入被动。以逸待劳的“待”字，绝不是守株待兔式的消极等待。它是一条后发制人的智慧之策。

【用计例说】

战国末年，秦国少年将军李信率二十万大军进攻楚国。战争之初，秦军势不可挡，节节胜利，一连攻占楚国数座城池。但是不久之后，李信中了楚国大将项燕的埋伏，丢盔弃甲，狼狈而逃，秦军损失数万大军。

李信兵败后，秦王任命已经告老还乡的王翦为大将军，令他率六十万大军驻扎在楚国边境，待机而发。楚国马上派重兵迎击，而老将王翦却毫无进攻之意。他命令全军进入阵地后的首要任务就是专心搭营设垒，然后好好休养。于是大军便就地扎营，精修工事，摆出固守的姿态。楚军急于击退秦军，不停地派兵到秦军阵前叫阵挑战。可王翦却令军士们闭门不出，不予理睬。他还鼓励将士们每天精心操练，甚至从京城调集牛羊肉到军中，令将士们大快朵颐。不久，秦军将士个个身强体壮，士气空前旺盛。王翦看在眼里，喜在心间，他精密筹划的计策马上就要成功了。

一年以后，楚军见每日挑战均得不到回应，加上长时间暴露在秦军营垒之外，日子一久便一个个精疲力竭。楚军将领见士卒士气低落，唯恐一旦交战处于劣势，便吩咐全军东撤。而这正是王翦一直期待的，见时机已到，王翦即刻下令追击正在撤退的楚军。秦军将士个个健壮骁勇，顷刻间便令楚军溃不成军。秦军乘胜追击，终于在公元前 223 年灭掉了楚国，而这个胜利与老将军王翦的计谋是分不开的。

第五计　趁火打劫

【释义】

趁火打劫，原意是趁人家家里失火，一片混乱，无暇自顾的时候，去抢人家的财物，比喻乘人之危谋取私利。此计用在军事上指的是：趁敌人内部遭到危难或其他困难而发生混乱时消灭敌人，这样往往会因为敌人无暇应战而轻易取胜。《孙子·始计篇》云：“乱而取之。”唐朝杜牧解释孙子此句说：“敌有昏乱，可以乘而取之。”就是讲的这个道理。

【原典】

敌之害大[①]，就势[②]取利，刚决柔也[③]。

【按语】

敌害在内，则劫其地；敌害在外，则劫其民；内外交害，则劫其国。如：越王乘吴国内蟹稻不遗种[④]而谋攻之，后卒乘吴北会诸侯于黄池之际[⑤]，国内空虚，因而捣之[⑥]，大获全胜。

【注释】

①敌之害大：害：这里是指敌人所遭遇到的困难、危厄的处境。

②就：趁着。势：形势。

③刚决柔也：语出《易经·夬》卦。夬（guài）：卦名。本卦为异卦相叠（乾下兑上）。上卦为兑，兑为泽；下卦为乾，乾为天。兑上乾下，意为有洪水涨上天之象。《夬》的《象》辞说：“夬，决也。刚决柔也。”决：冲决、冲开、去掉的意思，这里

引申为战胜。因乾卦为六十四卦的第一卦，乾为天，是大吉大利、吉利的贞卜，所以此卦的本义是力争上游。“刚决柔也”指稳定、强大的一方抓准时机，通过果断迅速的行动征服处于忧患之中的对手。

④越王勾践在位时，越国曾经被吴国打败，后经勾践励精图治、卧薪尝胆，最终消灭了吴国。这一史实见《史记·越王勾践世家》。蟹稻不遗种：出自《国语·越语下》，原文为“稻蟹不遗种”。形容吴国灾荒严重，田地荒芜，作物都已停止生长。蟹：螃蟹。遗种：繁育后代。

⑤吴：指的是吴王夫差，他曾在黄池与诸侯会盟。黄池：中原地名。

⑥因而掳之：因：凭借。掳：冲击。

【译文】

当敌人遭遇到严重困难或陷入危难境地的时候，我方就要乘此有利机会出兵，利用优势，抓住时机，制服弱敌。这是从《周易》夬卦中“刚决柔也”一语悟出的道理。

按语：当敌人内部有灾荒、暴乱时，就要抢占他的土地；当敌人外部有忧患时，就要去劫掠他的百姓；当敌人内忧外患交织在一起岌岌可危时，就趁势吞并他的国家。例如，越王勾践趁吴国大灾荒，连螃蟹、稻子都死绝的时候策划攻打吴国的方略，后来终于趁吴王夫差北上黄池与诸侯会盟、国内防守空虚之际，攻取吴国，大获全胜。

【探源】

本计最早源自《孙子兵法·始计篇》，孙子所讲“诡道十二法”中有“乱而取之”，即趁火打劫之意。“趁火打劫”正式作为计名，则最早见于明代吴承恩的小说《西游记》中。第十六回写道：“正是财动人心，他也不救火，他也不叫水，拿着那袈裟，趁火打劫，拽回云步，经转山洞而去。”

【用计例说】

“趁火打劫”中的“火”，指的是对方的困难、麻烦。敌方的困难不外有两个方面，即内忧、外患。《战国策》中的著名寓言“鹬蚌相争，渔翁得利”，也是“趁火打劫”的形象体现。春秋时期晋惠公背信弃义“趁火打劫”秦国的例子也可为一证。

秦晋两国本为友邦，由于天降旱灾，晋国闹起了百年不遇的大饥荒，一时间粮库空虚，令百姓苦不堪言，只能四处逃荒。晋惠公听从了大臣们的建议，决意向秦穆公请求粮草支援。秦穆公答应了晋惠公的要求，从自己的粮库中向晋国拨粮，一举解决了晋国的饥荒。

秦国帮了晋国，不料从第二年开始，秦国也闹起了旱情，可秦国原本用来防御饥荒的粮食都已在前一年用于救援晋国了，秦国民心、军心大乱。穆公得知晋国当年恰恰粮食丰收，便火速派人到晋国求援。可是，晋国大夫郄（音：系）芮、虢射等人唆使晋惠公拒绝救援秦国，并谏言可趁秦国大闹荒灾、国情大乱之际，联合梁国去攻打秦国。晋惠公听从了虢射等人的建议，背信弃义，趁秦国凋敝之际兴兵进攻。秦国准备不足，很快在战争中陷于被动，穆公甚至险些被晋军俘获。不过，由于秦军在将领百里奚、公孙枝、公子絷三人的运筹帷幄下排兵布阵得当，加上晋国失道寡助，军心不振，因此很快就扭转了局面。最后，秦军取得全胜，晋惠公也被秦军俘获。

晋惠公应用“趁火打劫”却落得失败的下场，这是由于其不讲信义、失去人心所致。这说明，即使敌人陷入危难，我们还要弄清楚敌方所遇之“危难”究竟大到何种程度，只有当其自顾不暇的时候，我方才能主动出击；否则贸然发动进攻，反而可能如晋惠公一样遭受惨败。

战场上应用此计得胜的例子可谓不胜枚举。比如，明朝末年，崇祯皇帝难以拯救内忧外患的危难形势，明朝崩溃大局已定。公元1644年，李自成率农民起义军一举攻占北京，建立大顺王朝，崇祯帝在景山自缢，明王朝覆灭。可惜农民军进城之后，自以为天下已定大业已成，于是开始大肆抢掠富贵人家的财宝，欺男霸女，一时间搞得人心惶惶。表面上看，李自成打下了江山，实际上农民军政权内部却暗流涌动、危机四伏。此时，明朝名将吴三桂尚统领数十万军士镇守山海关，意在抵御后金的入侵。他得知李自成已在京都称帝，自知大势已去，便有意归降李自成。正当他向李自成写降书的时候，从京城逃难而来的家僮告诉他：他的父亲吴骧已被闯王关押，爱妾陈圆圆也被李自成掳走了。本来就朝秦暮楚的吴三桂，此时便“冲冠一怒为红颜”，他把目光瞄向了昔日的死对头多尔衮，希望借助多尔衮的力量来打击李自成，以达到报私仇的目的。多尔衮闻讯，欣喜若狂，他迅速集结自己的兵力，并联合吴三桂的部队，轻松地挺进山海关，只用了几天时间就打到京城，赶走了李自成。可以说，多尔衮利用的正是李自成政权不稳、吴三桂心有旁骛的时机，借助对方处于弱势时趁火打劫，一举奠定了满清占领中原的基础。

第六计　声东击西

【释义】

声东击西，是指表面上声言攻打东面，其实是攻打西面。从而在军事上使敌人产生错觉的一种战术。

【原典】

敌志乱萃[1]，不虞[2]，坤下兑上[3]之象。利其不自主[4]而取之。

【按语】

西汉，七国反[5]，周亚夫[6]坚壁不战。吴兵奔壁之东南陬[7]，亚夫使备西北；已而，吴王精兵果攻西北，遂不得入。此敌志不乱，能自主也。汉末，朱隽围黄巾于宛[8]，张围结垒，起土山以临城内，鸣鼓攻其西南，黄巾悉众赴之；隽自将精兵五千，掩其东北，遂乘城虚而入。此敌志乱萃，不虞也[9]。然则，声东击西之策，须视敌志乱否为定。乱，则胜；不乱，将自取败亡，险策也！

【注释】

①敌志乱萃：萃：即悴，憔悴。这句话是指敌人情况混乱、疲惫不堪。

②虞：意料，预料。

③坤下兑上：上升兑为泽，下卦坤是地。水在地上汇聚成泽，润养万物。但泽水聚集超过一定的限度，也会造成祸患。所以这一卦的卦象显示，随时都可能会有意想不到的事情发生。如果使这种群阴保阳的局面受到扰乱，就将祸乱丛集，有意料不到的困难与危险。

④不自主：不能自主把握自己的前进方向或攻击目标。主：控制。

七国反：指的是汉景帝时，吴王刘濞约合胶西王齐、淄川王贤、胶东王雄渠、济南王辟光、赵王遂、楚王戊一起发动叛乱，后被周亚夫等率兵平定。

⑥周亚夫：汉初功臣周勃的儿子，始封条侯，因战功后位至丞相。

⑦陬：角落。

⑧朱儁：字公伟，东汉末年会稽上虞（今浙江上虞）人。曾和皇甫嵩等一起镇压黄巾起义军。黄巾：指东汉末年张角所领导的黄巾起义军，因起义军将士头裹黄巾而得名。宛（yuān）：古地名，今河南南阳。

⑨虞：防范，防备。

【译文】

当敌方出现因军心动摇而混乱不堪，并出现始料不及的困境之时，这便是《萃》卦所显示的"坤下兑上"的混乱征兆。我们必须利用此时敌人不能自控的时机，对其发起猛烈进攻，从而获得胜利。

按语：西汉景帝时，以吴王刘濞为首的七国发动叛乱，名将周亚夫在昌邑坚守城池，不与叛军进行正面交锋。围城的叛军攻打城池的时候，派出大队人马在城池的东南角集结，执行全力攻打东南角、试图从这一点突破的战术。周亚夫却置而不顾，让手下全力在西北角加强城防。不久后，叛军的精锐果然向城池西北角发起攻击，但由于城中事前准备得当，防守严密，敌人无机可乘，只得回返。叛军之所以没有成功，就因为他们的对手意志坚定，没有发生混乱。东汉末年，朱儁将黄巾起义军的一支围困在了宛城（今河南南阳一带），张开重围，修筑堡垒，并在城外堆起了一座土山，借以观察城内的动静。开战之际，首先鸣鼓向城池的西南角发起攻击，城中的黄巾军不知是计，将所有的军队都调到西南角来防守。朱儁乘势亲率五千精兵突然对城的东北角发起突袭，结果由于此处没有什么防守力量，士兵们很轻松地就攻克了城防，取得了胜利。朱隽成功的原因，是由于敌人意志已经混乱，没有做出正确的判断而加强防守。如此看来，声东击西这条策略是否能够成功，必须要看对方的情志是否混乱而定。敌人情志混乱了，这个计策就能够成功；如果敌人没有上当，我方却不知变通仍依本计行事，那将自取灭亡。在这样的情况下，声东击西是一条非常冒险的策略。

【探源】

孙武在其“诡道十二法”中有“攻其无备，出其不意”一语，唐代政治家、史学家杜佑（公元735—812年）在《通典》第153卷《兵六》一章亦有“声言击东，其实击西”的说法，这大概是本计的计名来源。声东击西战术的运用，目的就是要扰乱视听，达到“攻其不备、出其不意”的效果。使用这一策略的关键是要给对方制造一种假象，以战略佯动来伪装攻击方向，给敌人的判断造成困惑。在一般情况下，我方行动必须机动灵活，要根据敌人的状况随时求变。不攻某地而示之以攻某地，欲攻而示之不攻；形似必然而其实不然，形似不然而其实必然；似可为而其实不为，似不可为而其实为之。总的来说，忽东忽西，即打即离，巧妙灵活地制造假象，诱导敌手指挥意志发生混乱，使我之真正意图无法让敌人料知，我便可以对敌出其不意，攻其不备，一战而获全胜。

【用计例说】

东汉时期，班超出使西域，其主要目的是团结西域各国，试图与其结为盟友，共同抗击匈奴。为此，打通横贯西域周边各国的南北通道就显得尤为重要了。此时，地处大漠西边的莎车国却煽动周边小国向匈奴称臣，不愿与汉朝结盟。在综合分析形势之后，班超决定武力平定莎车国，以给西域其他国家警示。莎车国王见势不妙，便向友邦龟兹国求援。龟兹国王亲自带领五万人马前来援救莎车国。班超也联合于阗等国共同御敌，但招募来的兵力不过二万五千人，敌众我寡，如果和敌人直接较量肯定伤亡不小。于是，班超遂定下“声东击西”之计。他派部下在军中散布对他的不满言论，制造他不敢与龟兹较量，甚至准备立即撤退的假象。并且故意让那些被俘虏的莎车士兵都听得一清二楚。一天黄昏之时，班超命于阗大军向东边撤退，而自己则率部向西退却，一时间军士们显得慌乱异常。班超见造势已成规模，便有意造成看管松懈的假象，让莎车俘虏逃回本国。这些俘虏回国后急忙向国王报告，龟兹王大喜过望，误以为班超此举是因惧怕而慌忙逃窜，便打算借此机会，由自己亲率一万精兵向西追杀班超。而班超早已胸有成竹，他趁夜幕笼罩沙漠之机，撤退仅十里地，大部队便就地隐蔽。然而，龟兹王求胜心切，并没有察觉班超的动向，他率领追兵从班超隐蔽处飞驰而过。待龟兹国王过去后，班超立即集结部队，与事先约定的东路于阗国军队，迅速杀向莎车国城池。莎车国王来不及备战，只得投降。龟兹国王车马劳顿地追赶一夜，却未见班超部队半点踪影，又听探马来报，说莎车国已被班超平定，才知道自己中了班超的计谋，只得放弃攻击，收拾残部悻悻返回了。班超能够在敌众我寡的情况下打赢这场战争，主要得力于他巧妙地使用了“声东击西”的计谋。

第二套　敌战计

敌战计包括无中生有、暗渡陈仓、隔岸观火、笑里藏刀、李代桃僵及顺手牵羊共六计。使用敌战计的场合，应该是在敌我双方实力均等或相差不多的时候。大敌当前，与强手过招，就得审时度势，冷静权衡对手与己方的情况，不仅要提高自身的战斗力，还得想办法削弱对手的实力，双管齐下，方能立于不败之地。可以通过“诳之、藏之、观之、安之、舍之、积之”六方面来谋划策略，静中求变。

第七计　无中生有

【释义】

无中生有，本指本来没有却硬说有，现形容凭空捏造。在军事上，无中生有指用“无”来迷惑敌人，以掩盖“有”的真实目的。

【原典】

诳也，非诳[①]也，实其所诳也[②]。少阴、太阴、太阳[③]。

【按语】

无而示有，诳也。诳不可久而易觉，故无不可以终无。无中生有，则由诳而真、由虚而实矣。无不可以败敌，生有则败敌矣。如：令狐潮[④]围雍丘，张巡[⑤]缚蒿为人千余，披黑夜，夜缒[⑥]城下，潮兵争射之，得箭数十万。其后复夜缒人，潮兵笑，不设备。乃以死士五百斫[⑦]潮营，焚垒幕[⑧]，追奔十余里。

【注释】

①诳：欺诈，蒙骗。《武经三书·孙子·用间》即把“诳事”作为“虚假之事”。

②实其所诳也：实：实在，真实。这句话的意思是说用真实的东西充实到假象之中来迷惑对手。

③少阴、太阴、太阳：分别对应的是《易经》中的“兑”卦（少阴）、“巽”卦（太阴）和“震”卦（太阳）。少阴：阴的初始形式，指稍微隐蔽的军事行动。太阴：阴的极端形式，这里是指大的秘密军事行动。太阳：大的、公开的军事行动。这里是用阴喻虚，用阳喻实，借以说明用各种假象去掩盖真相、迷惑敌人的

道理。

④令狐潮：安禄山的部将，原本雍丘（今河南杞县）县令，安史之乱时，作为内应，企图举城投敌，被百姓阻挡。后来，百姓乘他外出发生暴动，接应张巡入城。

⑤张巡：唐代南阳人。安史之乱时，以真源（今河南鹿邑县）县令起兵。后守睢阳（今河南商丘南），坚持数月，后因兵尽粮绝而牺牲。

⑥缒（zhuì）：用绳子拴着人或物从高处往下送。

⑦死士：不怕牺牲的勇士。斫（zhuó）：原意为用刀或斧等砍削，引申为袭击。

⑧垒幕：军营；营帐。垒：军壁，阵地上的防御工事，也代指军营。幕：帐幕，帐篷。

【译文】

用制造出来的假象迷惑敌人，但又不以制造这种假象为目的，因为在虚假的情况中又有真实的情况。利用大大小小的各种假象，使对方产生错觉。这时，假象反而能掩护真相，达到以假乱真的效果。

按语：本来是没有的，却向敌人伪装出"有"的效果，这就是通过欺骗惑敌之策。但是欺骗不可能长久，它很容易就会被敌人发觉，所以伪装假象不是目的，所装出的"无"不能长久停留在"无"的状态。无中生有，是由虚假转化为真实，将虚无转化为实在。假象本身不能击败敌人，但是，如果利用假象去制造真相，那么就可以打败敌人了。比如，唐朝时，叛军安禄山的部将令狐潮包围了雍丘，守城将领张巡命令士兵火速扎了一千多个草人，给这些草人都披上黑色的衣服，趁着夜色用绳子从城上放了下来。令狐潮的士兵以为张巡部众来偷袭营寨，争着用箭来射那些草人，结果城中赚得了数十万支箭，扩充了军备。不久之后，张巡又命人趁夜色从城上放下一批草人，令狐潮的士兵看了之后，以为又是张巡用假人来赚箭，一个个哈哈大笑根本不加防备。于是张巡从城上放下五百名勇士，火速冲向敌军的大营，焚烧了敌人的营寨帐篷，并且一直追杀了十多里。

【探源】

这一条计名出自老子《道德经》第40章："天下万物生于有，有生于无。"老子揭示的，正是万物之有相与无相互依存、相互变化的规律。无中生有，这个"无"，指的是"假"，是"虚"。这个"有"，指的是"真"，是"实"。中国古代军事家尉缭子把老子的辩证思想运用到军事上，进一步论证虚无与实有的内在联系。他在《尉缭子·战权》中说："战权在乎道之所极，有者无之，安所信之？"意思就是说：精细周到的谋略在于明察敌我双方情况，战争的主动权在于灵活运用作战原则。有力量装作没有力量，没有力量却装作有力量，敌人便无法摸清我们的真实情况。可见，本计的特点是制造一种假象，有意让敌人识破这种假象，从而对未来即将出现的"真相"失去警惕心，然后乘敌人懈怠之际，虚实互变，化假为真，出其不备，打击敌人。因此，无中生有的目的就是使敌人造成判断失误，进而行动失误。

【用计例说】

《孙子兵法·始计篇》中说："兵者，诡道也。"军事斗争就是谋略和战术的斗争。为了打击敌人，就要设法麻痹敌人、欺骗敌人。在中国古代战争史上，利用示弱、示缓、示怯等"无中生有"的战术蒙蔽敌人，然后取得胜利的战例比比皆是。比如，北魏末年，万俟丑奴叛乱，魏将贺拔岳奉命前往征讨叛军。他把大军驻扎在汧水和渭水之间，并向部卒下令说："现在这边天气越来越热了，这样会造成兵马劳顿，不易取得胜利。我决定先让大军休养生息，以逸待劳，等到秋天天气凉爽之后，我们再图进攻克敌。"贺拔岳让部下把他的命令传达到各个营寨，并有意让探子把这条消息传给万俟丑奴知道。万俟丑奴很快就得到了消息，并对此信以为真，认为短时间内对手不会攻击自己，战争要等到秋天才会打响。于是他便分散兵力，分别让几支军队到岐州之北的百里平原上扎营，从事农业生产。他手下的大将侯伏、侯元进领兵五千，倚靠险要地势设立营栅，一边耕作一边防御。贺拔岳知道敌人的兵力已经分散，看到自己的计策已经有了效果，不禁大喜，于是密令部队加紧操练，准备发起总攻。一天下午，他派出一支轻骑先行截断了连接万俟丑奴各个营寨的几条道路，随后命令全军出击，主攻侯元进的营寨，破晓时分便已攻克。贺拔岳随即将所有俘虏尽行释放，其余营栅听闻之后，惊惧贺拔岳的强大，自知难以与之为敌，便纷纷向他投降。贺拔岳随即率军星夜杀奔泾州，刺史侯长贵开城投降。万俟丑奴见大势已去，只得率领残部仓皇出逃。可见，无中生有，关键就是将“无”转化为“有”，贺拔岳此计运用的妙处在于，他让敌人知道自己秋天才会进攻是“无”、是“虚”，而麻痹敌人之后迅速进攻并取胜是“有”、是“实”。他运用此计通过蒙骗敌人而获得了实际利益。此次军事行动，成为“无中生有”的典型战例。

第八计　暗渡陈仓

【释义】

暗渡陈仓（也可写成"暗度陈仓"），指正面迷惑敌人，而从侧翼进行突然袭击。亦比喻暗中进行活动。暗渡陈仓之计，应用于商战，可引申为：故意暴露自己的行动，用以麻痹竞争对手，然后暗中准备另一种行动，从而战胜对手或赢得顾客。

【原典】

示之以动[①]，利其静而有主[②]。益动而巽[③]。

【按语】

奇出于正[④]，无正则不能出奇。不明修栈道，则不能暗渡陈仓[⑤]。昔邓艾屯白水[⑥]之北，姜维遣廖化[⑦]屯白水之南而结营焉。艾谓诸将曰："维今卒还，吾军少，法[⑧]当来渡，而不作桥，此维使化持吾，令不得还，必自东袭取洮城[⑨]矣。"艾即夜潜军[⑩]，径到洮城，维果来渡。而艾先至，据城，得以不破。此则姜维不善用暗渡陈仓之计，而邓艾察知其声东击西之谋也。

【注释】

①动：军事上的佯攻等迷惑敌人的行动。

②利其静而有主：静：平静，指敌人固守。主：主张，指自己掌握主动进攻的机会。

③益动而巽：益和巽（xùn），都是《易经》的卦名。《周易·益》卦中说："益动而巽，日进无疆。"是说益卦下卦为震、为动，上卦为巽、为风、为顺。益：增长。巽：八卦之一，前进

之意，象征风。风无孔不入，有隙即钻。益动而巽是指充分发挥军事行动的灵活性，表面上，努力使行动合乎常情，而暗地里却像风一样乘虚而入，迂回偷袭。

④奇：指暗取、偷袭等非常规作战方式，它是指挥作战中所运用的“变法”。正：是指指挥作战所运用的“常法”。“奇正”是指指挥作战中常法与变法的灵活交叉运用。奇兵与正兵的相互配合，其含义甚广。如先出为正、后出为奇，正面为正、侧翼为奇，明战为正、暗攻为奇，等等。“奇出于正”意思是说军事斗争中的变法也要从常法中来，不能主观臆想。

⑤暗渡陈仓：公元前 206 年，刘邦派韩信攻打秦将章邯。为了麻痹敌人，韩信命令万名士兵修复从汉中到关中的山间栈道，以示有打回关中之意。章邯中计，在栈道所经过地区重点部署，准备拦击韩信。哪知韩信却暗中从陈仓（在今陕西宝鸡山）小路杀来，章邯仓促应战，结果大败。

⑥邓艾：三国时期曹魏名将，字士载，魏棘阳人。魏伐蜀时率军从阴平道进入成都，致使蜀主刘禅投降，后被诬陷谋反而遭杀戮。白水：地名，在今四川广元县。

⑦姜维：蜀国名将，字伯约，天水人。诸葛亮死后，曾多次统领蜀军伐魏。廖化：蜀大将。

⑧法：这里指作战规律。

⑨洮城：洮（táo）：古地名，今甘肃临潭。

⑩潜军：秘密地调集军队。

【译文】

在敌人面前故意暴露我方的行动，利用敌人被蒙骗决定固守时，迂回到敌人的背后发起真实的行动，趁虚而入，攻其不备。

按语：军事斗争中的奇计必然出自正常的用兵道理，如果不合乎正常的用兵法则，就不能将谋略转化为胜利。就如同不公开修筑栈道，也就不能暗中偷袭陈仓一样。三国时期，魏国大将邓艾将军队驻扎在白水北岸，蜀国将领姜维则派大将廖化在白水南岸率部安营扎寨。邓艾对手下的众将说：“姜维的大队人马突然开来，我方兵力比他们少，按照常规的作战方式，他们应当马上过河来进攻我们；但是现在看，他们却丝毫没有部队调动的意思，我估计这是姜维的策略，他想派廖化来牵制住我们，令我们不能抽身，他自己一定领兵东进偷袭洮城去了。”于是，邓艾令军队秘密地连夜行军，当晚就赶回了洮城备战。姜维果然如邓艾所料，前来偷袭洮城。由于邓艾大军已经赶到，做好了守城的准备，所以姜维攻城的计划没有实现。姜维没有取胜，是因为他不善于运用“暗渡陈仓”之计，而邓艾早已识破了他的“声东击西”之谋。

【探源】

暗渡陈仓，此计为汉朝大将韩信所创。《史记·高祖本纪》载：“项王使卒三万人从，楚与诸侯之慕从者数万人，从杜南入蚀中。去辄烧绝栈道，以备诸侯盗兵袭之，亦示项羽无东意。八月，汉王用韩信之计，从故道还，袭雍王章邯。邯迎击汉陈仓，雍兵败。”

这个战例讲的是秦朝末年，政治腐败，群雄并起，各路豪杰纷纷起兵反秦。在这些武装势力中，刘邦的部队首先进入关中，攻进咸阳。但是，西楚霸王项羽进入关中之后，逼迫刘邦退出关中，刘邦实力尚弱，只得退走。为了麻痹项羽，刘邦退走时，将汉中通往关中的栈道全部烧毁，表示不再返回关中。事实上，刘邦并没有真的示弱，他只是在等待时机，以和项羽争夺天下。公元前206年，已逐步强大起来的刘邦派大将军韩信出兵东征。出征之前，韩信派出大量士兵去修复曾被刘邦烧毁的栈道，外人看来，都认为韩信是在为战争做准备，栈道修好后，韩信一定会从栈道原路杀回关中，与项羽决战。项羽部下的守军听得消息后，便密切注视修复栈道的进展情况，并派主力部队在这条路线各个关口要塞加紧防范，以阻拦汉军进攻。韩信见项羽已经把主力部队用于栈道一线的防范，知道计策已成，即刻派大军绕道陈仓，对项羽军发动突然袭击，一举打败雍王章邯、塞王司马欣及翟王董翳，平定三秦。

【用计例说】

暗渡陈仓之计和声东击西有相似之处，都有迷惑敌人、隐蔽进攻的作用。它们的不同之处在于：声东击西，隐蔽的是攻击点；暗渡陈仓，隐蔽的是攻击路线。还以姜维和邓艾的战场对抗为例。姜维为邓艾设计的“暗渡陈仓”之计没有奏效，而过了不久，邓艾却用此计消灭了蜀国，接连两次战胜了姜维。这场战事发生在姜维攻取洮城失利几年之后，掌握魏国实权的司马昭派邓艾和钟会率军伐蜀，大军在剑阁这个地方遭到姜维军队的顽强抵抗。邓艾见剑阁易守难攻，久攻恐伤亡太大，便向司马昭建议说：“如今敌人专心防守剑阁，对其他战略要地的防备难免会松懈，我们应当抓住这个时机，从阴平经过小路通过汉时的德阳亭直取涪城，然后再派奇兵突袭成都。这样，剑阁的姜维守兵必然要回援涪城，这时候钟会便可以从大路进兵；如果剑阁的守军不回援，那么敌人能够接应涪城的人马就很少了。兵书上说：‘打击敌人疏于防备的地方，从敌人意想不到的地方发起攻击。’现在我们如果突袭敌人的薄弱之处，便能取得大胜。”司马昭认为邓艾的分析很有道理，便采纳了他偷渡阴平、直取成都的计划。

这年十月，邓艾派自己的儿子邓忠为先锋，带领五千士兵“凿山信道，造作桥阁”，通过人迹罕至、奇险无比的阴平小路向成都进发。一路上“山高谷深，至为艰险，又粮运将匮，濒于危殆”。将士们“攀木缘崖，鱼贯而进”，邓艾甚至率领士兵身上裹着毡毯从山上滚到山下，一时间损兵折将，付出了很大的代价。不过，邓艾也赢得了战争的优势地位，他带领部众长驱直入，攻克绵竹等城池，兵临成都城下。蜀汉皇帝刘禅见邓艾神兵天降，而姜维远在剑阁，难以驰援，只得率众投降，蜀国由此灭亡。

第九计　隔岸观火

【释义】

隔岸观火，字面意思是站在对岸看火。比喻对别人的危难不加救助，而采取观望的态度。有时也表示不是身临其境，对情况了解不深。

【原典】

阳乖序乱，阴以待逆[1]。暴戾恣睢[2]，其势自毙。顺以动豫，豫顺以动[3]。

【按语】

乖气浮张，逼则受击，退而远之，则乱自起。昔袁尚、袁熙奔辽东[4]，尚有数千骑。初，辽东太守公孙康，恃远不服，及曹操破乌丸[5]，或说曹遂征之，尚兄弟可擒也。操曰："吾方[6]使康斩送尚、熙首来，不烦兵矣。"九月，操引兵自柳城还，康即斩尚、熙，传其首。诸将问其故，操曰："彼素畏尚等，吾急之，则并力；缓之，则相图，其势然也[7]。"或曰：此兵书火攻之道也[8]。按：兵书《火攻篇》前段言火攻之法，后段言慎动之理，与隔岸观火之意，亦相吻合。

【注释】

①阳乖序乱，阴以待逆：阳：指公开的。阴：指暗中的。阳、阴，在句中泛指敌我双方两种势力。阳乖序乱指敌方内部矛盾激化，以致公开地表现出多方面的秩序混乱、倾轧。乖：违背，抵触。逆：叛逆，混乱。

②暴戾恣睢：戾（lì），凶暴，猛烈。恣睢（suī）：任意胡来。

③顺以动豫，豫顺以动：语出《易经·豫·彖》，"豫，刚应而志行，顺以动，豫。豫顺以动，故天地如之，而况建侯行师乎？"豫：卦名，本卦为坤下震上。这里指采取顺应的态度，不要逼迫敌人，让其内部互相残杀，待其实力削弱之后，我方再乘机取利。

④袁尚、袁熙：东汉末军阀袁绍的儿子。他们被曹操打败之后，投奔辽东太守公孙康，后为公孙康所杀。

⑤乌丸：即乌桓，我国少数民族东胡的一支，当时为东北大患，后被曹操所破。

⑥方：正要。

⑦势然：势所必然。

⑧兵书：这里指《孙子兵法》。

【译文】

当敌方内部矛盾激化以致分崩离析之时，我方应在暗处静待其变。等到敌方互相残杀时，他们必然会自取灭亡。我方则要根据敌情特点顺时而动，顺应敌情变化见机行事，这样就能像《易经·豫》卦上说的那样，达到胜利的目的。

按语：当敌人内部出现自相倾轧的分裂迹象后，不要去逼迫他，因为如果逼迫过甚，就会受到敌人的联合反击。应该主动地避开敌人，运用缓兵之计，这时敌人内部往往会发生混乱。例如，东汉末年，袁绍的儿子袁尚、袁熙被曹操击败之后，二人带着余部几千人马逃往辽东。起初，辽东太守公孙康曾经依仗着自己地理位置远离中原，不肯臣服于曹操。等到曹操打败乌桓之后，有谋臣劝说他趁势征讨公孙康，将其一举消灭，同时也可以彻底打败袁氏兄弟，将其抓获。曹操却说："我正等着公孙康自己把袁尚和袁熙杀掉，将他们的首级送来，何必兴师远征。"

当年九月，曹操率大军从柳城回来，不久之后，公孙康果然就把袁尚和袁熙杀了，并把他们的首级送到曹操这里。众将问曹操其中的奥秘，曹操说："公孙康平时素来就惧怕袁氏兄弟，如果我急着攻打他们，那么公孙康就会和袁氏兄弟联合起来对付我们。相反，如果我们不急于进取，而是静观其变，他们之间就会发生内讧从而自相残杀，这是必然的。”有人说，这就是《孙子兵法·火攻篇》中的火攻之道。“火攻篇”的前半部分谈的是火攻的方法，后半部分说的则是谨慎用兵的道理，这与“隔岸观火”的意旨是一致的。

【探源】

本计名最初见于唐代僧人乾康的诗：“隔岸红尘忙似火，当轩青嶂冷如冰。”而这一军事思想则在《战国策》中有所涉及。《战国策·燕二》中我们耳熟能详的“鹬蚌相争、渔人得利”的故事，讲的就是隔岸观火的道理。故事说蚌张开壳晒太阳时，长嘴鸟去啄它的肉，却被蚌夹住了嘴，互相争持不下，结果被在一旁观看许久的渔翁捉住了。此计的特点是：以静观变，随变而动。当面对两股或更多敌人时，既不大规模出击，也不对敌军内部进行离间，而是静观其变等待时机。等到敌人内部产生祸乱，态势发展到有利于自己的时候，再及时出击，坐收渔利。

【用计例说】

古人认为，当敌方内部自相倾轧之时，如果随意施加压力，往往有可能适得其反，引火烧身；如果先避开其锋芒，那他们的矛盾就会更加激化，这往往是我方坐收渔利的好时机。例如，春秋战国时期，韩、魏两国连年交战，势如水火。秦惠王想要从中插手，但一时也无法判断其利弊，而他的大臣们有的赞同，有的反对，这更使惠王犹豫不决。此时，善于政论言辞的陈轸正巧在秦国游历，秦惠王便向他咨询。陈轸没有直接回答惠王应对之策，而是先给惠王讲了一个故事：从前有个叫卞庄子的人，是位打虎英雄。一次，他发现有两只凶猛的老虎咬死了一头牛，正在争相撕食。卞庄子见猎物已至，便要拔剑与老虎搏斗，而他的仆人此时却劝阻他说：“两只老虎捕猎老牛时，它们还是盟友，但现在要分配猎物了，它们一定会为猎物而打起来。到最后，那只气力不足的老虎肯定会被咬死，力气大的老虎也会遍体鳞伤，这时你就可以轻易擒获它们了。”陈轸讲完这个故事，接着对惠王说：“现在韩、魏两国长年争战，互相攻伐，久而久之，弱国必败，强国也会自损其身，那时您再攻打受损之国，正可一举而取两国之利了。”秦惠王认为陈轸言之有理，便采纳了他的建议，开始坐山观虎斗。果然，韩国败给了魏国，而魏国也大受战争之害，实力大损。此时，秦惠王派兵伐魏，很轻松地获得了胜利。由此我们看出，隔岸观火之计中，“观火”这种“无为”是为了日后有所“为”而准备的。用今天的话说，“观火”的目的是为了“性价比”更高的胜利。

第十计　笑里藏刀

【释义】

笑里藏刀，是指那种口蜜腹剑、两面三刀的做法，比喻外表和气而内心阴险，在军事上也属于惑敌之策。

【原典】

信而安之[1]，阴以图之[2]；备而后动，勿使有变[3]。刚中柔外也[4]。

【按语】

兵书云："辞卑而益备者，进也；……无约而请和者，谋也。"[5]故凡敌人之巧颜令[6]色，皆杀机外露也。宋曹武穆玮[7]知渭州，号令明肃[8]，西夏人惮之。一日，玮方对客弈棋，会有叛卒数千，亡奔夏境。堠骑[9]报至，诸将皆相顾失色，公言笑如平时。徐谓骑曰："吾命也，汝勿显言[10]。"西夏人闻之，以为袭己，尽杀之。此临机应变之用也。若勾践之事夫差，则竟使其久而安之[11]矣。

【注释】

①信而安之：信：使……信。安：使……安。

②阴以图之：阴：暗地里。图：图谋。

③备：充分准备。变：发生意外的变化。

④刚中柔外也：表面上柔顺，内里却很强硬，表里不相一致。

⑤兵书云："辞卑而益备者，进也；……无约而请和者，谋也。"出自《孙子兵法·行军篇》。辞：言词。卑：谦恭、谦卑。益：加强。约：困穷，窘迫。

⑥令：美好。

⑦曹武穆玮：即曹玮，字宝臣，北宋名将曹彬之子。善用兵，有计谋。镇守边关四十余年，屡立战功，死后谥“武穆”。

⑧明肃：严明整肃。

⑨堠（hòu）骑：专门从事侦查的骑兵。堠：古代用于瞭望敌情的土堡。

⑩显言：声张。

⑪久而安之：长期麻痹，不易察觉。

【译文】

使敌人充分相信我方，从而放松对我方的警惕，我方却在暗地另有图谋。我方要做好周密的谋划，准备充分之后方可采取行动，不要引起敌方怀疑而使计划出现意外的变化。这就是所谓的内心强硬、外表柔和的策略。

按语：《孙子兵法》讲过：“敌人派来的使者言辞谦卑，而他们的军队却又在加紧战备的，是准备向我方进攻；……敌人尚没有陷入困境却来与我媾和的，肯定是另有图谋。”因此，凡是敌人巧言令色，对我方示好时，实际上都已经暗含了杀机。例如，北宋真宗年间，曹玮任渭州（今甘肃、宁夏境内）知州时，宋朝正与西夏处于军事对峙的局面。由于他号令严明，军纪整肃，所以西夏人都很怕他。有一天，曹玮正在与宾客下棋，恰好有几千名士兵发动叛乱，逃跑到西夏去了。当负责侦察的士兵进来报告情况后，在座宾客特别是军官们都吓得大惊失色，面面相觑，只有曹玮谈笑自如。他平静地对侦察兵说：“那是我命令他们去的，你不要把这消息传出去。”西夏人得到这条消息之后，以为这些叛逃过来的人真的是来袭击自己的，于是就把他们都处死了。这就是“笑里藏刀”之计在临机应变中的运用。至于像越王勾践长期忍辱负重地侍奉吴王夫差，他的意图就是麻痹夫差，使其复国报仇之计不被夫差所察觉。

【探源】

“笑里藏刀”又作“笑中有刀”，这一计名可以追溯到唐代文豪白居易的诗歌《天可度》中“看不见李义府之辈笑欣欣，笑中有刀潜杀人”一句，是白居易对唐高宗宠臣李义府为人的评价。《旧唐书·李义府传》载：“义府貌状温恭，与人语必嬉怡微笑，而褊忌阴贼。既处权要，欲人附己，微忤意者，则加倾陷。故时人言：义府笑中有刀。”《新唐书·奸臣传上·李义府》中也说：“义府貌柔恭，与人言，嬉怡微笑，而阴贼褊忌著于心，凡忤意者皆中伤之，时号义府‘笑中刀’。”后来人们常用“笑里藏刀”比喻外表和善而内心险恶的人，或有害而不易察觉之事。作为一种军事计谋，“笑里藏刀”提醒为战者：一方面，可以在必要的时候用伪装来麻痹对方，在对方放松警惕后采取果断的行动；另一方面，既要善于伪装，也要学会鉴别来自对手的伪装，切不可轻信对方的甜言蜜语，要谨防他们暗中隐藏的杀机。

【用计例说】

三国时期，由于荆州地理位置十分重要，成为多方势力的必争之地。当时荆州由关羽镇守，孙权一直想要夺取，却因时机始终没有成熟，加上与刘备是军事上的盟友，于是就没有贸然采取行动。公元 217 年，一向主张孙、刘联合的东吴重臣鲁肃病逝，这也宣告着孙、刘联合抗曹的蜜月已经结束。不久以后，关羽发兵进攻曹操控制的樊城，虽然他留下了相当多的兵卒镇守荆州，但主将在外，荆州的守防自然不如之前稳固。于是孙权决意趁此时机夺取荆州，他把作战任务交给大将吕蒙。吕蒙率军兵临荆州，却发现荆州军马对东吴一直有所防备，如果贸然攻击不易取胜。吕蒙为此闷闷不乐，便躺下称病不出。孙权派女婿陆逊去探望他，陆逊知道吕蒙没有真的生病，却劝他继续装病，由他接替吕蒙，实施疑兵之计。孙权依陆逊之计，任命这位毫无名气的小将接管攻打荆州之事。

陆逊上任后，故意派人送信给关羽，信中极言自己乃是一介书生，没有任何作战经验，难担大任，求关羽多加指教。而对关羽则大肆吹捧，称关羽功高威重，可与晋文公、韩信齐名。关羽一向骄傲自负，读罢陆逊来信，仰天大笑，说道：“无虑江东矣。”从此，他松懈了对荆州的防备，并将荆州的兵力调往樊城，一心一意地攻打樊城。孙权得知荆州防务空虚，认定时机已经成熟，便派吕蒙为先锋，日夜兼程，突然袭击荆州。关羽闻讯，急忙回师，但为时已晚，荆州已被孙权控制，这才有了关羽之后的败走麦城。

第十一计　李代桃僵

【释义】

李代桃僵，字面意思是李树代替桃树而死。原比喻兄弟互相爱护互相帮助，后用来比喻以此代彼或代人受过。从军事谋略角度上说，指的是如果暂时要以某种损失、失利为代价才能最终取胜，指挥者就应当机立断，作出某些局部的牺牲，以此争取全局的胜利。这是运用我国古代哲学中的阴阳相生相克、相互转化的道理而制定的战术谋略。

【原典】

势必有损①，损阴以益阳②。

【按语】

我敌之情，各有长短③。战争之事，难得全胜。而胜负之诀，即在长短之相较。而长短之相较，乃有以短胜长之秘诀。如以下驷④敌上驷，以上驷敌中驷，以中驷敌下驷之类，则诚兵家独具之诡谋，非常理之可推测者也。

【注释】

①势必有损：势：局势。损：损失。

②损阴以益阳：阴：这里是指局部。阳：指全局。

③长短：长处和短处、优势和劣势。

④驷：古代一车套四马，因此以“驷”称驾一车之四马或四马所驾之车，也泛指马匹。上驷、中驷、下驷，分别指上等马、中等马和下等马。本典故语出《史记·孙子吴起列传》。战国中

期，齐国将军田忌常常和王族们赛马，但总是输给王族们。谋士孙膑看到田忌和王族们的马力相差其实不远，都分有上、中、下三等，于是就向田忌献计：用下等马去赛上等马，用上等马去赛中等马，用中等马去赛下等马。比赛结果是田忌输一次而胜两次，从而在总局势上取胜。

【译文】

从战场形势全局分析，如果我方的损失已不可避免的时候，就应尽量舍弃局部的利益，以保障全局的利益。

按语：敌我双方的力量对比，各有优势和劣势。战场上的形势变化多端，很难在每一次争斗中都保持胜利，而双方胜败的决定性因素，就在于优势和劣势的较量。在较量中，也有以劣胜优的诀窍。就像田忌赛马一样，他采纳了孙膑的建议，用自己的下等马与对方的上等马比赛，用自己的上等马与对方的中等马比赛，用自己的中等马与对方的下等马比赛，最终取胜。这的确是兵家所独有的行事谋略，不是一般的规则所能涵盖的。

【探源】

李代桃僵出自《乐府诗集·鸡鸣篇》："桃生露井上，李树生桃旁，虫来啮桃根，李树代桃僵，树木身相代，兄弟还相忘？"其本意是指兄弟要像桃李共患难一样互相帮助，相互友爱。此计用于军事上，指在敌我双方势均力敌，或者敌优我劣的情况下，用较小的自我牺牲，换取更大的、属于全局的胜利，就好比我们在下象棋时经常使用的"丢车保帅"的战术。其中，"丢"是方式，而"保"才是最终的目的。因此要事先衡量所放弃的利益是否真的值得放弃，切实做到两利相权取其重，两害相权取其轻，以小搏大，求取胜利。

【用计例说】

本条策略应用最为著名的，当属"赵氏孤儿"复仇的故事。在中国，"赵氏孤儿"的故事家喻户晓。故事中，程婴和公孙杵臼就是利用了“李代桃僵”的方法，从而在仇人屠岸贾严加搜查的情况下保存了赵氏血脉。

晋景公三年，司寇屠岸贾打算诛杀相国赵盾的后代和家人，三军司马韩厥将军听到消息，急忙告诉赵盾的儿子赵朔，劝他赶快逃走避祸。赵朔不肯，说：“事到如今，跑也跑不了多远，祸乱已然难以避免。我只求你能替我保存下血脉，那我即便死了也没有什么遗憾了。”韩厥答应了赵朔。不久，屠岸贾果然对赵家下手了，他率领大军包围赵朔的府宅，不问情由，将赵氏家族男女老少二百多口统统杀掉，赵家被屠岸贾灭了门。

赵朔的妻子庄姬公主是晋景公的姐姐，赵家蒙祸时，她已怀有身孕，住在王宫里面。屠岸贾得知后，便入宫奏知景公，要杀庄姬公主。景公说怕伤母后的心，屠岸贾又说公主要是生下男孩的话，将来孩子长大肯定会向景公和他寻仇，到时则悔之晚矣。景公说待生产男孩后把他杀掉就是了。屠岸贾于是天天派人探听公主生产的消息，隔不多久，公主生下的果然是一个男孩。屠岸贾得知消息，马上带士兵进宫寻找公主母子。慌乱之下，公主急忙托韩厥将军把孩子藏在隐秘之处，屠岸贾上门搜索却一无所获，后又听说公主已经让人把孩子偷抱出宫了，便张榜悬赏缉拿。

赵家生前有一位门客叫公孙杵臼，当日赵朔蒙难之时，便约同门客程婴一齐为主公殉难。程婴说：“赵朔的妻子有一个遗腹子，若生下的是个男孩，我打算把他好好养大，日后给他们赵家报仇；如果是个女孩，那时我们再殉难也不迟。”过了一段时间，他们打听得知公主产下一名男婴，而且屠岸贾已带人前去搜宫，但没有找到人。面对这种情况，程婴对公孙杵臼说：“今天虽然屠岸贾没有搜到孩子，但他肯定还要大肆搜寻，不达目的誓不罢休。要是想保全孩子，我们就必须得想办法把孩子送到更远的地方才安全。”公孙杵臼想了想，问程婴：“你说是死难呢，还是把孤儿抚养成人更难？”程婴答道：“死当然容易，而将孤儿抚养长大肯定是艰辛无比的。”公孙杵臼说：“那就让我来做简单的事，你来做困难的事吧。我有一个计策，只要我们找到一个刚诞生的婴儿，就说他是赵氏孤儿，由我抱往首阳山躲起来，你去向屠岸贾告密，这样一来，真的赵氏孤儿就得以保全了。”程婴回答：“我妻子才生下一个男孩，可以代替赵氏孤儿，以报赵朔和我的情谊。可是，如此一来，屠岸贾必定会处死你……”公孙杵臼说：“我不怕为国尽忠！你立即去抱儿子过来，然后我们一同去找韩厥将军，把孤儿设法安置好！”

程婴依计而行，把两人的计划告诉了韩厥，韩厥大为感动，愿意帮助他们完成计谋。待一切安排停当，程婴就来到屠家对屠岸贾及其手下众人说：他和公孙杵臼原是赵家门客，受公主委托秘密带走赵氏孤儿，逃匿深山。但他恐日后事情败露，殃及家人，因此特向屠岸贾检举，以保全家性命。屠岸贾闻之大喜，在程婴的带领下很容易就找到了藏匿深山中的公孙杵臼。程婴等人到了之后，公孙杵臼故意装出气愤的样子大骂程婴和屠岸贾。屠岸贾下令搜查公孙杵臼居住的草房，很快就在阴暗的壁室里找到了婴儿。公孙杵臼见事情“败露”，想扑过去抢婴儿，但被士兵揪住。他痛骂程婴：“你这个无耻小人，我和你同受赵氏之托，一起谋划藏匿遗孤，想不到你居然贪生怕死，卖主求荣，真是丧尽天良！”屠岸贾见此急忙下令手下刺杀公孙杵臼，然后亲手摔死了婴儿。他以为赵氏孤儿一事就此已了，便放心地回城去了。事实上，真正的赵氏孤儿已经被程婴带着，一起藏进深山去了。十五年后，赵氏孤儿长成人，取名赵武。晋景公想要恢复赵氏的声誉，平反赵家的冤情，韩厥趁机将冤情始末都告诉了景公，景公便决定让赵武为赵家一门雪冤，于是屠岸贾终于被赵武斩杀，报了十五年前的血海深仇。程婴和公孙杵臼正是利用了“李代桃僵”的策略，才骗过了凶残的屠岸贾，最终保全了赵家的血脉。

第十二计　顺手牵羊

【释义】

顺手牵羊，指顺手把人家的羊牵走，比喻趁势将敌手捉住或乘机利用别人，现比喻乘机拿走别人的东西。在现实生活中也是经常用到的一计。

【原典】

微隙[1]在所必乘，微利在所必得。少阴，少阳[2]。

【按语】

大军动处，其隙甚多，乘间[3]取利，不必以胜。胜固可用，败亦可用。

【注释】

①微隙：指微不足道的漏洞。

②少阴，少阳：少阴、少阳都是《易》中的卦象，这里的“阴”指的是对方小的疏忽、过失。阳：这里指我方的胜利、成就。此句意为我方要善于捕捉时机，伺隙捣虚，变敌方小的疏漏而为我方大的得利。

③间：指对方的漏洞或我方的机会。

【译文】

敌人即使出现微小的漏洞，也必须趁机加以利用；即使发现微小的利益，也一定要尽量争取到。敌方小的疏忽，也会为我方带来胜机。

按语：凡是大军行动的时候，一定会暴露出很多的缝隙和漏洞，可以抓住这些疏忽和漏洞来进行攻击。只要对我们有利就行，并不一定要等待取得全胜的机会。顺手牵羊这条策略可以用于胜势，也可以在不利状况下采用。

【探源】

本计语出《草庐经略·游失》："伺敌之隙，乘间取胜。"原意是指凭借便利的条件向敌人的薄弱处发展、创造和捕捉战机的一种谋略。关汉卿的剧作《尉迟恭单鞭夺槊》第二折也出现本计计名："我也不听他说，被我把右手带住他马，左手揪着他眼札毛，顺手牵羊一般拈了他来了。"此处比喻乘机行窃。《水浒传》第九十九回写道："前面马灵正在飞行，却撞着一个胖大和尚，劈面抢来，把马灵一禅杖打翻，顺手牵羊，早把马灵擒住。"以上所说的"顺手牵羊"之策尚与战争无关。战争史上"顺手牵羊"之计例证很多。如春秋时，秦穆公攻打郑国，兵至滑国时，知郑人已有戒备，灭郑没有希望，就顺手灭掉了滑国。再如晋献公假道虞国灭掉了虢国，回师虞国时又乘其不备灭掉了虞国，都是"顺手牵羊"的典型战例。

【用计例说】

古人云："善战者，见利不失，遇时不疑。"意思是精于战术的人不会错失获得利益的时机，只要不会"因小失大"，那些能够获得"小利"的机会就不应该放过。例如，公元前354年，魏惠王打算进攻北面的赵国。他派遣庞涓指挥一只魏国的精锐部队杀向赵国，庞涓不费吹灰之力便杀到了赵国的都城邯郸（今河北省邯郸市）。眼见大军围城，邯郸城内却防守空虚，无力应战，赵王只好派人向实力雄厚的楚国求救。楚王得知赵国危在旦夕后，却对要不要出兵援救赵国犹豫不决，于是召集谋士相商。这时，相国昭奚恤认为不应出兵，可以先隔岸观火，听凭魏赵交战，任其两败俱伤，这样楚国可以坐收渔利。而大臣景舍反对这样做，他提出一个以救赵为名来削弱赵魏两国的实力，并顺手牵羊、为楚国谋利的计划。楚王闻之，大为赞赏，决定依计而从。

楚王任命景舍为大将，命他带领一支人数不多的队伍，以救赵为名堂而皇之地跨过赵、楚之间的国界进入赵国。赵国大将马上将楚国来救的消息通告了镇守邯郸的士兵们，军队虽然受到鼓舞，但无奈庞涓的军队势力太盛，而楚军远水解不了近渴，因此赵军还是没能守住邯郸城。就在庞涓攻下邯郸的时候，传来了齐国派兵攻击魏国都城大梁的消息，正所谓“围魏救赵”的典故。庞涓得知这一消息后，立刻从邯郸撤兵回援大梁，赵国之围就此解除。就在庞涓回师路上，遭到了齐军的埋伏，魏军大败，遭受重创。此时，对楚国来说，魏国和赵国都已经深陷战争数月，且自身消耗极大，这种情况是楚国最愿意看到的。景舍认为时机已到，便率领那支小部队攻占了赵国南部的一部分土地，将其划入楚国的版图。他的“顺手牵羊”之计也就获得了成功。

在应用这一计策时，既要深刻了解“羊”的价值，也就是这个利益有没有必要去争取，还要注意这个“顺”。顺，指的是对稍纵即逝的时机把握的能力。战机往往变幻莫测，主将要善于分析情势，作出果断地判断，才能牵到“羊”，有所收获。

淝水之战中，谢石打败苻坚的战例也应用了“顺手牵羊”的策略。公元 383 年，前秦统一了黄河流域地区，军事势力强大。前秦王苻坚亲自率领步兵六十万、骑兵二十七万、禁卫军三万共九十万大军南下东晋，打算一战而灭晋。同时，他派其弟苻融为先锋攻下寿阳。初战告捷，苻融认为东晋兵力有限并且粮草短缺，建议苻坚迅速进攻东晋。苻坚听到消息，认为正是战机，于是就不等大军齐集，便立即率几千骑兵赶到寿阳，与其弟部众会和。东晋领军的将领是谢石，他得知前秦百万大军来袭，一时正无克敌之法，忽然听传报说苻坚的百万大军并没有齐集一处，这正给他实行“各个击破”之策创造了时机。于是谢石率部迎战，并抓住时机，击败了苻坚的前锋部队，挫伤了他的锐气。谢石又派勇将刘牢之率精兵五万强渡洛涧，杀了前秦守将梁成。刘牢之乘胜追击，重创前秦军。谢石率部队渡过洛涧，顺淮河而上，抵达淝水一线。他把部队驻扎在八公山边，与驻扎在寿阳的前秦军队隔岸而视。苻坚见东晋部队阵势严整，恐贸然进攻会有损耗，便命令部队坚守河岸，等待援军会和，再共同攻敌。

谢石知道从实力上来论，肯定是敌众我寡，东晋要想取胜，恐怕只能速战速决。于是，他决定使用激将法，派人给苻坚送去一封信，信中说道，我要与你决一死战，如果你不敢应战，不如趁早投降。如果你有胆量接受我的挑战，你就暂退一箭之地，放我渡河与你比个输赢。苻坚看后果然大怒，决定如谢石挑战书所言，暂退一箭之地。不过，他可没想真的等东晋部队全部渡河之后再与之决战，而是打起了小算盘，想等东晋部队渡到河中间时，让全军突然出击，将晋兵全歼于水中。可是，他没有料到暂时退兵的命令一下，前秦兵士们以为战场形势发生了变故，一时间大乱，一些在秦军中卧底的东晋兵士趁势大喊“晋军攻来了！秦军败了！”顿时，秦兵争先恐后逃窜，人马冲撞，乱成一团。这时，谢石指挥东晋兵马，迅速渡河，乘前秦士兵大乱，奋力追杀。前秦先锋苻融被东晋兵马在乱军中杀死，苻坚也中箭受伤，慌忙逃回洛阳。淝水之战，最终以前秦大败、东晋大胜而告终。这是中国古代战争史上典型的以弱胜强的战例，东晋军能够抓住苻坚军队自乱的时机果断出击，正是“顺手牵羊”、因势而为的典范。

第三套　攻战计

攻战计包括打草惊蛇、借尸还魂、调虎离山、欲擒故纵、抛砖引玉及擒贼擒王共六计。攻战计是指在作战中要主动创造进攻的机会，积极进取。其核心就是“进攻”的方法，强调打好心理战术，以求战而胜之。本套计策分别从“佯之、换之、调之、纵之、引之”五个方面来展开介绍，若能灵活运用，可以达到事半功倍的效果。

第十三计　打草惊蛇

【释义】

打草惊蛇，原是借用一句民间俗语，即“一旦草丛被搅动，那么里面的蛇便会受惊而走”。后来，此词喻指做事不密，致使对方有所戒备。

【原典】

疑以叩实①，察而后动；复者②，阴之媒③也。

【按语】

敌力不露，阴谋深沉，未可轻进，应遍探其锋④。《书》⑤云：“军旁有险阻、潢井、葭苇、山林、蘙荟者⑥，必谨复索⑦之，此伏奸⑧所藏也。”

【注释】

①叩实：询问，寻求真相。

②复：反复、一次又一次。

③阴之媒：阴：这里指的是隐藏着的、暂时尚不明显或未暴露的事物、情况。媒：条件，诱因。

④锋：先锋、劲旅、主力，经过精心训练，用来完成艰巨任务的部队。

⑤书：指《孙子兵法》。

⑥本句出自《孙子兵法》中的《行军篇》。曹操注曰：“险者，一高一下之地；阻者，多水也。潢者，池也。井者，下也。葭苇者，众草所聚也。林木者，众木所居也。蘙荟者，可屏蔽之

处也。此以上论地形，以下相敌情也。”李筌注曰：“以下恐敌之可奇伏诱诈也。”潢（huáng）：积水池，港汊。潢井：谓沼泽低洼地带。葭：初生的芦苇。葭苇：指芦苇，这里指杂草丛生之地。翳（yì）：草茂貌。荟（huì）：草木繁盛貌。翳荟：草木繁盛状。

⑦复索：反复探索。

⑧伏：隐藏。奸：奸细，伏兵。

【译文】

如果有所怀疑，就要调查清楚，只有在核实清楚以后才能行动。反复侦察和询问，是发现隐藏之敌的重要手段。

按语：敌人的真实力量还没有暴露，说明他们将意图隐藏得很深。这时，我方不要冒失前进，而是应当仔细摸清其锋芒之所在。正如《孙子兵法》中讲到的：“行军的路旁，如果遇有险要之处，长满芦苇的湖沼低洼之地、山林和其他草木茂密的地方，就必须仔细地反复搜索，因为这些地方都有可能是敌人设置埋伏之处。”

【探源】

“打草惊蛇”这一计名出自唐代段成式《酉阳杂俎》和宋代郑文宝的《南唐近事》，说的是唐代当涂县令王鲁贪赃爱财，只要有利可图，他就不顾是非曲直，大肆搜刮民脂民膏。俗话说，上梁不正下梁歪，王鲁属下的那些官员见王鲁好财，便一方面大肆敛财巴结于他，另一方面一个个都如王鲁一样，明目张胆地敲诈勒索、贪污受贿。当地百姓苦不堪言，都恨透了以王鲁为首的这些官员，恨不得能有个机会好好惩治他们，以出心中恶气。

有一次，恰巧朝廷派员下来巡察地方官员情况，当涂百姓认为这是个好时机，便联名写了状纸，揭发县衙里的主簿等人营私舞弊、贪污受贿的种种违法行为。王鲁见了状子，吓得直冒冷汗。原来，状纸里揭发主簿的种种犯罪事实，全都和王鲁有牵连，如果老百姓继续上告引起朝廷大员的注意，再顺藤摸瓜详查下来，肯定就会查到自己头上，到时不仅乌纱帽难保，恐怕性命也就此交代了。想到这里，王鲁不禁心惊肉跳，他用颤抖的手不由自主地在状子上批注了八个字：“汝虽打草，吾已惊蛇。”意思是：你们虽然打的是草，但是我这条躲在草里的蛇也就此被惊吓了。后来，人们就把王鲁无意间写下的这八个字简化为“打草惊蛇”这个成语。

【用计例说】

“打草惊蛇”之计用在战争上，一般是借助我方战术侦察的手段，通过小的军事行动，逼迫隐藏在表象之外的对手显露原形的谋略。它要求我方胆大心细，对敌人可能的疑兵之处要侦察实情，反复查明情况，发现隐秘敌情之后就要果断采取行动。例如，春秋时期，秦国的势力越来越强大。秦穆公有了开拓疆土的野心，产生了吞并郑国的想法。公元前 627 年，秦国留在郑国的细作送信给秦穆公说：“郑国北门的防守军力都由我们掌握着，要是您派一支军队来偷袭郑国，我们里应外合，肯定能够得胜。”穆公深以为信，便召集大臣们商量攻打郑国之策。战争经验丰富的老臣蹇叔和百里奚都反对此时攻打郑国。蹇叔说：“咱们调动这么大的一支军队远程奔波，行军路线如此之长，军情很容易被对方的探马所掌握，对方要是有了准备，那么我们偷袭的目的也就很难达成了。一旦我方人困马乏，反而容易被对方反攻，到时岂不是得不偿失？”秦穆公此时自信心满满，很难听取别人的意见，也不把这些老臣的话当回事。他派百里奚的儿子孟明视为大将，蹇叔的两个儿子西乞术、白乙丙为副将，率领三百辆兵车长途跋涉去偷袭郑国。

第二年二月，秦国的大军进入滑国地界（今河南省），忽然有一人拦住大军去路，他自称是郑国派来的使臣，要求见秦国主将。孟明视便升帐接见使臣，使臣说他叫弦高，是郑国的大臣，郑国国君听说秦国的将军带兵前来，便特意叫他先行到达，给秦军送上一些礼物，以慰劳三军将士。接着，他献上若干牛皮和十几头肥牛，作为劳军之物。孟明视本想趁郑国毫无准备时突袭郑国，没想到眼前这位郑国大臣代表国君来慰劳他们，这样一说，岂不是郑国已经有了准备了？想到这里，他对弦高说："谢谢郑国的国君，但我们并不是要到贵国去的，你们不必这么费心了。"弦高听后便行了礼，就此告退了。等弦高走远，孟明视对他手下的将军们叹息说："郑国使臣一来，说明他们已知我大军将至，偷袭计划没有成功的希望了，我们还是打道回府吧。"于是，秦国大军改变了行军路线，开始回返。

其实，孟明视恰恰上了弦高的当，弦高根本不是什么郑国的大臣，他只是个贩牛的商人。他去做买卖途中正好与秦军相遇，并猜出了秦军的来意。在当时的情况下，他要向郑国报告已经来不及，于是便急中生智，假扮郑国使臣去孟明视那里劳军，同时派仆人赶回郑国向国君报告。郑国国君听了弦高手下的报告，得知秦国军队的行军动态后，马上动员国内一切力量备战，还赶走了秦国安插在郑国的奸细。这样一来，秦军的偷袭计划大白于天日，偷袭不成，只能悻悻回师。但是，长途跋涉却一无所获，这使得秦军士气低落、身心俱疲。部队经过崤山时，真的如蹇叔所预料的那样，事先埋伏在这里的晋军部队突然出现。甫经交战，晋军便且战且退，秦军主将孟明视见势便下令追击。当部队追到山隘险要之处时，孟明视见此地山高路窄，便知不妙，正待撤退之时，晋军大部队出现并全力反攻，孟明视等三将只得束手就擒，秦军大败。

在这则故事里，秦军不察敌情，轻举妄动，"打草惊蛇"，过早地暴露了自己的行动目标。而机智的商人弦高也反过来对秦军使用了"打草惊蛇"之计，诱敌暴露，从而保全了自己的国家。

第十四计　借尸还魂

【释义】

借尸还魂，原意是说已死之人灵魂不会死去，可以附在别人的尸体上重新复生。比喻陈旧事物或思想改头换面，在冠冕堂皇的口号下再次冒出来。作为一种计策，“借尸还魂”指借助外力或其他条件使自身恢复生机，从而达到东山再起的目的。

【原典】

有用者，不可借①；不能用者，求借②。借不能用者而用之，匪我求童蒙，童蒙求我③。

【按语】

换代④之际，纷立亡国之后者，固借尸还魂之意也。凡一切寄兵权于人⑤，而代其攻守者，皆此用也。

【注释】

①有用者，不可借：凡自身可以有所作为的人，就不会甘愿受别人利用。借：利用。

②不能用者，求借：那些自身难以有所作为的人，却有可能被人借以达到某种目的。

③匪我求童蒙，童蒙求我：语出《易经·蒙》。匪：同“非”。童蒙：是指幼稚愚昧的小孩，这里指的是受支配的一方。蒙字本义是昧，指物在初生之时，蒙昧而不明白。“蒙”卦的卦象是下坎上艮。艮象山，坎象水。山下有水，是险的象征。人处险地而不知避，便是蒙昧了。

④换代：改朝换代，君王异姓。

⑤寄兵权于人：指利用别人的力量发动战争。

【译文】

凡是自身可以有作为的人，就不能够加以控制和利用；而自身不能有所作为的，则往往需要依赖和求助于别人，以达到某种目的。这就如同幼稚蒙昧的人需要求助于充满智慧的人，而不是充满智慧的人需要求助于幼稚蒙昧的人。

按语：每逢改朝换代的时候，人们就纷纷扶立亡国君主的后代，这其中就包含着"借尸还魂"的策略。凡是利用别人的力量发动战争，并代替别人进行进攻或防守的，都是这一计谋的应用。

【探源】

"借尸还魂"来源于中国古代一个神话传说故事，说的是民间有一个叫李玄的人，此人相貌堂堂、博学多才，且能参透古今，是难得的奇人。他被太上老君看中，收为徒弟，并追随太上老君修行长生不老之术。有一天，太上老君想要带他一起在仙界游历。但是，凡人的肉身是不能上天的，李玄若想和太上老君随行，只能作法留下自己的肉身，让灵魂跟随太上老君遨游天际。临行前，李玄对他的小徒弟说："我随师父上天游历，把自己的肉身留在这里，你一定要好好守护它，最迟七天，我便会回来。如果过了七天我还没有回来，那么就说明我已在天上得道成仙了，到那时你才可以将我的肉身焚化。"李玄的话讲得很明白，小徒弟全部牢记于心，并让师父放心。李玄走后，小徒弟也确实日夜守候在师父的肉身前，不敢离开半步。可是事情就是这么巧，到了第六天的时候，忽然传来小徒弟的母亲病危的消息，要他立刻回家探望母亲最后一面。小徒弟很是为难：若要回家探望母亲，师父的肉身没人看管了；倘若留在这里，则很可能无法见到母亲最后一面，放弃当儿子应遵守的孝道。正当小徒弟左右为难的时候，一个朋友宽慰他说："你看你师父出发已经六天了，他的法力高强，估计多半是跟随他的师父成仙了。"小徒弟觉得朋友说的也有些道理，加上思母心切，便一狠心把师父的肉身给火化了。到了第七日，李玄的灵魂回来了，可是到处找都没有找到自己的肉身。如果再不赶快找到一个肉身，那么他的灵魂就会灰飞烟灭。情急之下，李玄看到路边正好有一个刚刚饿死的乞丐，便也顾不了那么多了，赶忙把自己的灵魂附在乞丐的肉体中，这才还了魂，成了人形。“借尸还魂”之后的李玄完全换了一个容貌，整日蓬头垢面、袒胸露背，而且还有一只脚是瘸的，如同那个乞丐一样，这就是所谓“借尸还魂”的“铁拐李”传说。

【用计例说】

在中国古代的民间故事中，借尸还魂的故事很多。而“借尸还魂”用在军事斗争中，指的是当自己的力量有限时，就要善于借助外部一切可以为我所用的力量，借人之力为己力，实现自己的战略计划。中国历史上经常出现的“挟天子以令诸侯”的方法，如齐桓公的“尊王攘夷”，曹操利用汉献帝发号施令、冠绝诸侯，就是这一计策的应用。在《三国演义》中，也有“诸葛亮临终授计”的故事应用了这一战术。

故事讲诸葛亮第六次出兵伐魏，但他的老对手司马懿坚壁防守，闭门不出，任蜀军如何骂战，都不为所动。尽管诸葛亮多次使用激将法，但每一次都被司马懿识破，加上魏主支持司马懿的防守战术，坚定了司马懿和军士守备的信心，这让诸葛亮不禁心急如焚，只能夜以继日地会集众将，商议破敌良策。过度的忧心操劳，极大地损伤了诸葛亮的身体，最终他还是油尽灯枯，病死在蜀军大营之中。

诸葛亮临终前，预料到一旦他死去，蜀军便会撤兵。此时，司马懿必然会派兵来追杀，到那个时候，蜀军恐怕从士气到实力都无法抗敌，必然大败。于是，他把大将姜维和杨仪叫到面前，为他们布置了“借尸还魂”之计。诸葛亮去世之后，蜀军将士悲痛万分，很多将士想立即为他发丧。但杨仪和姜维依照诸葛亮生前所授计策，告诉众人此时先不要发丧，全军应该依计而行，先将丞相殡殓入棺，然后撤回蜀国，再行安葬。

司马懿得知诸葛亮去世和蜀军撤退的消息，大喜过望。诸葛亮一死，他也没什么好惧怕的了。于是打开营门，率领大军追击蜀军。眼看就要追到的时候，突然听到蜀军阵内一声号响，然后全军立即停止了前进，迅速掉头，像是准备要迎击追击而来的魏军。“难道诸葛亮没死？这是他的诱兵之计？”正当司马懿心生疑惑的时候，蜀军阵前闪现出帅旗，旗下众将簇拥着一辆小车缓缓而出，司马懿定睛一瞧，车上端坐之人分明就是诸葛亮！“诸葛亮没死，咱们中计了，撤，快撤！”司马懿心想中计，连忙大声号令左右收兵回营。蜀军也马上启程回师至安全地带，这才再次打起白幡，为丞相发丧。当司马懿再次接到这条战报的时候，才恍然大悟，原来车上那个“诸葛亮”是个木头人而已，他是上了“借尸还魂”的当了。司马懿再想去追击，但蜀军早已没了踪影。

第十五计　调虎离山

【释义】

调虎离山，字面意为设法使老虎离开山冈。比喻诱敌离开原来的地方，以便于乘机行事。

【原典】

待天以困之[1]，用人以诱之，往蹇来返[2]。

【按语】

兵书曰："下政攻城[3]。"若攻坚[4]，则自取败亡矣。敌既得地利[5]，则不可争其地。且敌有主而势大：有主[6]，则非利不来趋；势大，则非天人合用，不能胜。汉末，羌率众数千，遮虞诩于陈仓崤谷[7]。诩即停军不进，而宣言上书请兵，须到乃发。羌闻之，乃分抄[8]旁县。诩因其兵散，兼行百余里，令军士各作两灶，日倍增之；羌不敢逼，遂大破之。兵到乃发者，利诱之也；日夜兼进者，用天时以困之也；倍增其灶者，惑之以人事也。

【注释】

①待天以困之：待：等待。天：这里指天时、地利等客观条件。困：使……困扰、困乏。

②往蹇来返：语出《易·蹇》九三爻辞。《易·蹇》中说："蹇，难也，险在前也。见险而能止，知矣哉！"蹇：六十四卦之一，"蹇"卦的卦象为艮下坎上。艮象山，坎象水。《易·蹇》中说："象曰：山上有水，蹇。"王弼注曰："山上有水，蹇难之象。"这里指困难、困境、危险。

③兵书曰："下政攻城"。《孙子兵法·谋攻篇》有："故上兵伐谋，其次伐交，其次伐兵，其下攻城。"意思是说，利用强力夺取城池在军事行动中是最低等的选择。

④攻坚：指攻击坚固的防御工事或强大的守敌。

⑤地利：地理上的优势地位。

⑥有主：这里指有地利优势作为依托。

⑦羌：我国古代民族名，主要分布地在今甘肃、青海、四川一带，以游牧为主。后来逐渐与西北地区的汉族及其他民族融合。遮：遏止，阻拦。虞诩：字升卿，东汉末年陈国武平（今河南鹿邑西北）人，曾历任武都太守、尚书令等职。陈仓崤谷：即大散关，在今陕西省宝鸡市西南的大散岭上。

⑧抄：掠夺，袭击。

【译文】

利用不利的天时、地利条件，使敌人受到困顿，再主动运用人为的假象来诱惑敌人。如果我方主动进攻可能受挫，就想办法让敌人反过来主动进攻我方。

按语：《孙子兵法》中说，在作战中，利用强力去攻城是最低等的选择。如果主动攻打防备完善的敌人，这是自取败亡的战术。既然敌人已经占据了地理优越的位置，就不要强行再与其争夺了。何况敌人已有准备，兵力又多。当敌人有了这些优势条件后，如果不用小利去引诱，敌人是不会前来进攻的；敌人兵力多，如果我方不能够把天时和人为的条件结合起来加以使用，就不能取得胜利。比如，东汉末年，几千羌人把虞诩的部队堵截在了陈仓的崤谷，虞诩的部队只能停止进军。见势不妙，虞诩决定骗羌人离开坚固的据点，他命令部队停止前进，就地扎营。故意对外散布行军受阻，向朝廷请派增援部队的消息。羌人听到后，便放松戒备，分散到周围的各县进行劫掠。虞诩见敌人离开了据点，立即下令部队急行军，日夜兼程，每日超过百里。他又命令每名士兵各做两个做饭用的灶，每天在沿途增加灶的数量。敌人误以为朝廷的救兵来了，而他们自己的力量又已经分散，于是不敢进攻。

虞诩顺利地通过陈仓崤谷，把羌人打得落花流水。虞诩扬言等待救兵，是用引诱的办法使羌人为抢劫财物而分散兵力；日夜急行军，是给羌人造成时间上和空间上的被动；加倍修灶，是用人为的假象来迷惑敌人。

【探源】

“调虎离山”一语可能源于《管子·形势解》。该篇写道：“虎豹，兽之猛者也，属深林广泽之中则人畏其威而载之。人主，天下之有势者也，深居则人畏其势。故虎豹去其幽而近于人，则人得之而易其威。人主去其门而迫于民，则民轻之而傲其势。故曰：‘虎豹托幽而威可载也。’”这段话的意思是说，虎豹是兽类中最威猛的，当它们居住在深山大泽之中时，人们就会因惧怕其威风而敬畏它们。君王是天下最有势力的人，如果深居简出，人们便会害怕他的权威。虎豹若是离开它们所居住的深山大泽而进入人类居住的地方，人们就可以将它捕捉而使之失去原有的威风。做君王的若是离开王宫而与老百姓混在一起，人们就会轻视他而以傲慢的态度看待他。所以说：虎豹只有不离开它们居住的幽谷深山，其威风才使人感到畏惧。这句话中虽然没有明确地出现“调虎离山”一语，但已经包含只有将老虎调离深山，才能将其制伏的意思。后来在民间文学作品中便逐渐出现了“调虎离山计”的说法。如《西游记》第五三回：“先头来，我被钩了两下，未得水去。才然来，我是个调虎离山计，哄你出来争战，却着我师弟取水去了。”再如明代许仲琳写的《封神演义》第八十八回：“子牙公须是亲自用调虎离山计，一战成功。”还有清人孙锦标的《通俗常言疏证·水火》有“拖人落水，调虎离山”之语等。

【用计例说】

东汉末年，汉庭衰弱，地方群雄并起，诸侯各霸一方，形成割据局面。年仅十七岁的孙策继承了父亲的雄心壮志，一心经营江东，其势力日渐强大。公元199年，孙策认为时机成熟，准备攻取位于江北的卢江郡。从军事布局上说，卢江郡南有长江之险，北有淮水相隔，占据卢江郡的刘勋势力强大，排兵得当，使卢江易守难攻，诸多形势都对孙策不利。孙策认为，如果硬攻，那么他难有取胜的机会。和众将商议之后，他想出一条“调虎离山”的妙计。他知道刘勋贪财、好小利，便派人给刘勋送去一份足以打动他的重礼，并在信中将刘勋大肆吹捧一番，主动向其示弱，请求刘勋发兵降服上缭。刘勋读完孙策的信，果然得意扬扬，只道孙策是真的有求于他，就没有把孙策当回事。孙策信中提到的上缭十分富庶，刘勋也早就想夺取之，如今看到孙策软弱无能，这让他免去了后顾之忧，于是决定发兵上缭。虽然其部将认为其中有诈，极力劝阻刘勋三思而行，但刘勋醉心于利益的诱惑，早就听不进反对的意见了。见刘勋亲自率领几万兵马去攻上缭，孙策不由大喜，他对部将说：“刘勋大部队都去攻打上缭了，他自己的卢江城防备空虚，此时不取，更待何时！”他立即率领人马水陆并进，突袭卢江，几乎没遇到什么抵抗就顺利占城。当刘勋猛攻上缭的时候，突然得报，说孙策已取卢江，这才知道中了孙策的“调虎离山”之计，后悔轻易冒进，但为时已晚。

第十六计　欲擒故纵

【释义】

欲擒故纵，又作“欲擒先纵”。其原意为：为了要捉住他，先故意放开他，以使他放松戒备。比喻为了更好地控制，就先故意放松一步。“欲擒故纵”中的“擒”指的是捉拿，而“纵”指的是“放”。

【原典】

逼则反兵①；走②则减势。紧随勿迫，累③其气力，消④其斗志，散而后擒，兵不血刃⑤。需，有孚，光⑥。

【按语】

按语：所谓纵者，非放之也，随之，而稍松之耳。“穷寇勿追”⑦，亦即此意。盖不追者，非不随也，不迫之而已。武侯之七纵七擒⑧，即纵而蹑⑨之，故展转⑩推进，至于不毛之地⑪。武侯之七纵，其意在拓地，在借孟获以服诸蛮⑫，非兵法也。若论战，则擒者不可复纵。

【注释】

①逼则反兵：反兵：回师反击。

②走：逃走。势：气势。

③累：使……累，即消耗之意。

④消：瓦解。

⑤兵不血刃：兵：兵器。刃：刀锋。这句指的是兵器上没有沾血，比喻战事顺利、未经交锋或激战而取得胜利。

⑥需，有孚，光：语出《易经·需》。需卦的卦象为乾下坎上，乾象刚、健，坎象水、险。需：迟疑不进。孚：为人所信服。光：指的是前途光明。

⑦穷寇勿追：《孙子兵法·军争篇》有“穷寇勿迫”。四库本“迫”作“追”，樱田本“迫”作“逼”。穷：困窘，窘急。迫：困厄，窘迫。此句意思是说，陷入绝境中的敌人，不可过分追赶或逼迫。

⑧武侯：即诸葛亮。诸葛亮死后谥为忠武侯，后世称之为武侯。七纵七擒：指三国时诸葛亮七次生擒孟获，又七次释放，终于使孟获心悦诚服的故事。《三国志·诸葛亮传》：“亮率众南征，其秋悉平”。裴松之注引《汉晋春秋》说：“亮至南中，所在战捷。闻孟获者，为夷、汉所服，募生致之。既得，使观于营阵之间，问曰：‘此军何如？’获对曰：‘向者不知虚实，故败，今蒙赐观看营阵，若祗如此，即定易胜耳。’亮笑，纵使更战，七纵七擒，而亮犹遣获。获止不去，曰：‘公，天威也，南人不复反矣。’”

⑨蹑：跟踪，追随。

⑩展转：不断反复。

⑪不毛之地：不生长植物的地方，形容荒凉贫瘠。

⑫孟获：三国时期西南少数民族的首领。蛮：我国古代对长江中游及其以南地区各少数民族的泛称。

【译文】

把敌人逼得走投无路时，他们就可能拼命反扑。相反，主动放它逃跑，就可以挫伤敌人的锐气。对逃跑的敌人要紧紧跟随，不要过于逼迫，这有利于拖垮敌人的气力，消解敌人的斗志。等敌人士气低落、军心涣散之时再去擒俘他们，这样可以不与敌人交锋就获得胜利。善于等待有利的时机，并且有足够的耐心，才能获得胜利，这就是《需》卦中所讲的道理。

按语：这里所讲的“纵”，并不是对敌人放任不管，而是追随在敌人身后，稍稍放松一些，令敌人有喘息机会而已。孙子所说的对陷入绝境的敌人不要追得过急，也就是这个道理。所谓的“不追”，并不是不追踪，而是说不要过分地逼迫敌人。三国时，诸葛亮使用七擒七纵的计谋，就是释放孟获之后继续追踪他，辗转推进，部队跟进边远的地方。诸葛亮之所以对孟获七擒七纵，其意图在于拓展疆土，在于以征服孟获作为榜样，从而令其他少数民族臣服蜀汉。这不是兵书上所说的作战法则，如果单纯从兵法的要求而论，那么捉住敌人之后当然是不能随便放掉的。

【探源】

说起“欲擒故纵”，人们联想最多的肯定是《三国演义》中诸葛亮“七擒孟获”的故事，不过关于这一计策的思想源头至少可以追溯到先秦诸子的学说中。如《老子》第三十六章写道：“将欲歙之，必固张之；将欲弱之，必固强之；将欲废之，必固兴之；将欲取之，必固与之。是谓微明。”意思是说，想要收敛它，必先扩张它；想要削弱它，必先加强它，想要废去它，必先抬举它；想要夺取它，必先给予它。这道理虽然微妙却又显明。开与合、强与弱、取和与之间，其实没有泾渭分明的鸿沟。老子的话已然透露出“欲擒故纵”的信息。《鬼谷子》的说法更为明确：“去之者纵之，纵之者乘之”。意思是说，要想除掉它，就去放纵它，放纵的目的最终在于驾驭它。很多文学作品中也直接出现过本计的计名，如清代吴趼人的《二十年目睹之怪现状》第七十回有云：“大人这里还不要就答应他，放出一个欲擒故纵的手段，然后许其成事。”

【用计例说】

将欲擒之，先予纵之，此为“欲擒故纵”。这条计策也可以理解为以退为进，消耗敌人的意志，或是使其放松对我方的警惕，我方再找准时机战而胜之。比如，两晋末年，幽州都督王浚拥兵自重，谋反之意昭然若揭。晋朝大将石勒听说后，打算消灭王浚的部队，以除后患。可是，王浚的军事实力强于自己，如果硬碰硬，恐怕损耗太大。于是，石勒决定采用“欲擒故纵”之计。他先派门客王子春携带大量珍奇宝物献给王浚，并修书一封，在信中表明愿意向王浚称臣，拥戴他为天子。看到令人眩晕的珍宝，加上石勒的甜言蜜语，王浚不禁心花怒放，对石勒的话信以为真。说来也巧，王浚有个部下名叫游统，伺机谋叛王浚。游统想投奔石勒做靠山，可石勒却杀了游统，并把游统的首级送给王浚。这样一来，王浚更相信石勒对他绝无二心了。

公元314年，石勒探听到幽州遭受百年不遇的大水灾，而王浚不顾百姓死活，依然横征暴敛，令民怨沸腾，军心浮动。石勒认为机会已到，亲自率领部队攻打幽州。当他的部队抵达幽州城时，王浚还天真地以为石勒是来拥戴他称帝的，根本没有任何应战准备。等到他成为石勒的俘虏时，方才如梦初醒，但为时已晚。

第十七计　抛砖引玉

【释义】

抛砖引玉，字面意为抛出砖头引来白玉，即用没有价值的事物引出有价值的事物。比喻用粗浅、不成熟的意见引出别人高明、成熟的意见。也是一种自谦的说法。

【原典】

类以诱之[①]，击蒙也[②]。

【按语】

诱敌之法甚多，最妙之法，不在疑似[③]之间，而在类同，以固其惑。以旌旗金鼓[④]诱敌者，疑似也；以老弱粮草诱敌者，则类同也。如：楚伐绞[⑤]，军其南门。莫敖屈瑕[⑥]曰："绞小而轻[⑦]，轻则寡谋，请无捍采樵者以诱之。"从之，绞人获利。明日绞人争出，驱楚役徙于山中。楚人坐守其北门，而伏诸山下，大败之，为城下之盟而还。又如孙膑减灶而诱杀庞涓。

【注释】

①类以诱之：类：类似、相近。诱：引诱、诱惑。

②击蒙也：击：打击。蒙：蒙昧。语出《易经·蒙》，蒙卦的卦象为坎下艮上。其上九爻，为阳爻处于蒙卦之终，按王弼的解释，其喻意为"处蒙之终，以刚居上，能击去童蒙，以发其昧也，故曰'击蒙'也。故'不利为寇，利御寇'也"。

③疑似：似是而非，令人半信半疑。

④旌旗：旗帜的总称。金鼓：四金和六鼓。金鼓用以节声

乐，和军旅，正田役。见《周礼·地官·鼓人》。亦泛指金属制乐器和鼓。这里指指挥军队的号令器具，擂鼓则进，鸣金则退。

⑤绞：绞国，在今湖北郧县西北。

⑥莫敖：春秋时期楚国的官名，地位次于令尹。屈瑕：楚武王之子，封于屈，故以屈为姓。

⑦轻：急躁轻率。

【译文】

用类似的东西诱惑敌人，乘其迷惑懵懂的时候打击他。如同《易经·蒙卦》中所讲的，要打击蒙昧无知的对手。

按语：在战争中，诱敌的方法多种多样。最巧妙的方法，不是用似是而非的方法进行引诱，而是用局类相同的举动来造成假象，以解除敌人的疑心，坚信这种假象是真的而上当。用旌旗招展、鼓声震天来诱惑敌人的，这是"疑似之法"；用老弱残兵或遗弃粮草来诱惑敌人的，是"类同之法"。

例如，春秋时期，楚国讨伐绞国，两军在绞国都城的南门对峙，可绞国军队闭门不出，让楚国无计可施。楚国大夫屈瑕向楚王建议说："绞国军士急躁好斗，这样就会缺乏计谋，我们可以派些兵士去打柴，同时不要派人保护这些打柴的兵士，这样可以引诱绞国人上钩。"楚王同意了屈瑕的建议，于是派兵去打柴，因为缺乏保护，这些士兵很容易就被绞国士兵所捕获，成了他们的俘虏。第二天，绞国士兵又看见打柴人，便纷纷出城追赶，伪装打柴的楚国士兵向山上奔跑诱敌，绞军不知是计，一直尾随追进深山，岂料楚军早就在绞国城北门列阵设下埋伏，截断绞军归路。另一支楚军部队于山中设伏，从而大败绞军，使他们不得不与楚国签订合约，臣服楚国。再比如，孙膑用减灶之法诱使庞涓孤军轻进，最终伏杀庞涓，都是因为成功地使用了"抛砖引玉"之法。

【探源】

唐朝时有一个叫赵嘏（gǔ）的人，相传他的诗写得很好，曾因为一句"长笛一声人倚楼"得到一个"赵倚楼"的雅号，一时间向他求诗的人络绎不绝。当时，还有一个叫常建的人，他也爱好写诗，因此非常喜欢赵嘏写的诗文。他想向赵嘏求得一词半句作为纪念，但苦于找不到合适的机会。一天，常建听说赵嘏要到苏州游玩，他想："这是一个向赵嘏求教的好机会，我可千万不能错过。可是用什么办法才能让他为我留下诗句呢？"他冥思苦想了半天，终于想到一个办法，他认为赵嘏既然来到苏州，肯定会去著名的景观灵岩寺，如果他提前在寺庙墙壁比较显眼的地方题上半首诗，那么以赵嘏的诗人心性，看到残句以后一定会补全的。于是他就提前赶到灵岩寺，在墙上题下了两句诗。等赵嘏来到苏州后，果然来到灵岩寺游览，他看见墙上常建留下的半首诗后，立刻提笔在后面补上了两句，组成了一首完整的绝句。后人因为赵嘏添加的两句诗优于常建的前两句，便说常建的这种做法是"抛砖引玉"。事实上，常建是玄宗开元年间的进士，赵嘏于武宗会昌二年才进士及第，当时常建早已去世。常建题句待赵嘏补成之事，只是一种传说而已。

【用计例说】

公元690年，契丹军队攻占营州。武则天派曹仁师、张玄遇、李多祚、麻仁节四将西征，想要夺回营州，并顺势平定契丹之乱。契丹方面的军事将领是孙万荣，此人熟读兵书，计谋颇深。他预料到唐军此来声势浩大，如果与其正面交锋，恐怕自己这一方要吃大亏。于是，他心生一计，大肆营造军中缺粮的舆论，并故意让被俘的唐军逃跑，借以散播谣言。唐军统帅曹仁师见一路上逃回的唐兵面黄肌瘦，便问他们其中缘故，逃兵们说营州城内缺粮已久，城内契丹将士军心不稳，百姓纷纷打算出外逃荒。曹仁师闻之心中大喜，认为大军尚未到达营州，而契丹已经自乱阵脚，如此一来，攻占营州的头功肯定非他莫属。

唐军先头部队由张玄遇和麻仁节统领，他们也想争夺头功，一路疾行向营州进军。路上，他们不断见到从营州逃出的契丹老弱士兵，这些士兵也说营州严重缺粮，他们知道这样一来，和唐军打仗必是凶多吉少，因此才纷纷逃跑，并表示愿意归降唐军。

张、麻二将便更加相信营州缺粮所言非虚了。他们率部日夜兼程，到达西硖石谷这个地方，只见石谷被绝壁包夹，道路曲折狭仄，如果按照兵法布置，这里正是敌方设置埋伏的最佳位置。可是，张、麻二人判断契丹军队早已经受困于粮荒，无论如何也不可能在此设伏了，因此下令部队继续前进。

山谷艰深难行，唐军行进速度很慢。到了黄昏时分，只听得一声号令，绝壁之上箭如雨下，唐军人马受困于狭窄的道路中，无法前进，也无法撤退，一时间相互踩踏倾轧，死伤无数。孙万荣亲自率领人马出击，向唐军发动攻击，唐军天时地利均不得，失败在所难免。一战下来，张、麻二人被契丹军队生擒。孙万荣利用缴获的将印伪造信件，写信给曹仁师，谎报说唐军先锋部队已经攻克营州，要曹仁师火速来此汇合。曹仁师本已消除了对契丹的戒心，接信之后更加深信不疑，马上率部奔往营州，不料在西硖石谷再次遭到契丹伏兵的袭击，重蹈了唐军先头部队的覆辙。曹仁师准备不足，全军覆没。这正是孙万荣多次利用抛砖引玉之策，以缺粮为名迷惑唐军，最后设计劫杀唐军的战例。

第十八计　擒贼擒王

【释义】

擒贼擒王，在军事行动中指的是以消灭敌方的指挥部，准确打击敌军的最高指挥人员和主力部分为行动手段，以迅速歼灭敌军有生力量为目的的战法。也比喻做事情时要善于抓住事物的主要矛盾，抓住事物的关键，集中力量化解之。

【原典】

摧其坚，夺其魁①，以解其体②。龙战于野，其道穷也③。

【按语】

攻胜则利不胜取。取小遗大，卒之利、将之累④、帅之害、攻之亏也。全胜而不摧坚擒王，是纵虎归山也。擒王之法，不可图辨旌旗，而当察其阵中之首动⑤。昔张巡与尹子奇⑥战，直冲敌营，至于奇麾⑦下，营中大乱，斩贼将五十余人，杀士卒五千余人。巡欲射子奇而不识，剡蒿⑧为矢，矢中者喜谓巡矢尽，走白⑨子奇。乃得其状，使霁云⑩射之。中其左目，几获之。子奇乃收军败还。

【注释】

①夺其魁：夺：抓住。魁：第一、大，此处指头目、主帅。

②以解其体：解：瓦解。体：整体，此处指全体军队。

③龙战于野，其道穷也：语出《易经·坤》卦。“坤”卦是坤上坤下，为纯阴之象。上六爻是本卦的最终爻，为纯阴发展到极盛阶段之象。坤卦上六爻的爻辞是：“龙战于野，其血玄黄。”

龙，本为乾卦（纯阳之卦）的象征物，为什么作为纯阴之象的坤卦，其上六爻却以原本属纯阳之象的“龙”为象征物呢？按照朱熹《周易本义》的解释是：“阴盛之极，至与阳争。”《易经·文言》在阐释坤卦上六爻辞时则说：“阴疑与阳必战。为其嫌于无阳也，故称龙焉。”按照《易经》中物极必反的矛盾转化思想，上六爻表示纯阴已发展到极盛，故必然向阳转化。虽然此时尚处于转化前夕，但却已急于以阳自比，以龙自称了。故有“龙战于野，其道穷也”之说。野：郊野。道穷：无路可走。群龙在原野里相互争斗，以至陷入困顿的绝境。本计引用此语，其意当为“贼王被擒，群贼无首，其战必败”。

④累：累赘。

⑤首动：首领的行动。

⑥张巡：唐邓州南阳（今河南邓州）人，安史之乱时，以真源令起兵。后来移守睢远，在兵尽粮绝的困境下被捕，遭杀害。尹子奇：安禄山的部将。

⑦麾：古代行军布阵时用以指挥军队的旗帜。

⑧剡（yǎn）：削尖。蒿，禾秆。

⑨白：报告，告诉。

⑩霁云：即南霁云，唐顿丘（今河南清丰县）人，张巡部下，后与张巡一起战死。

【译文】

摧毁敌人的主力，控制敌人的主帅，就可以瓦解他的整体力量。这就像蛟龙离开海洋到陆地中作战一样，群龙无首，势必陷入绝境无法施展。

按语：战争胜利之后，会有取之不尽的大量好处。但是，如果满足于取得一些微小的利益，会丧失获得大胜利的时机。这样一来，即使我方可以减少一些士兵的牺牲，但由于没有彻底摧毁敌军的主力，制伏敌人的首脑，这也等于是纵虎归山，给未来的战争留下祸患。擒拿对方首领的方法是有诀窍的，比如不能看旌旗在哪里就认为主帅一定在那里，而应当通过密切查看敌军的一举一动判断其主帅所在的位置。唐朝时，张巡与安禄山的部将尹子奇作战，张巡率军直冲到敌营里，一直杀到尹子奇的帅旗之下，敌营顿时大乱。张巡的部队斩杀叛军大小将领五十余人，士卒五千多人。张巡想要射杀尹子奇，可是不知道哪个人是他。于是他想了一个办法，让士兵削了一根蒿草秆，把它当作箭射了出去。被蒿草箭射中的人自然没有受伤，这个人非常高兴，以为张巡的箭已经射完了，急忙跑到尹子奇面前把这个情况告诉他。张巡由此记住了尹子奇的模样，命令神箭手南霁云放箭，一箭便射中尹子奇的左眼，差点就把他擒获。尹子奇身负重伤，只得仓皇收兵逃窜。张巡用计策射中了敌兵首领尹子奇，从而轻松地击退了攻城的敌兵。

【探源】

擒贼擒王，语出唐代诗人杜甫《前出塞》:“挽弓当挽强，用箭当用长，射人先射马，擒贼先擒王。杀人亦有限，立国亦有疆。苟能制侵陵，岂在多杀伤？”从当时历史背景看，此诗原本寓含对唐玄宗李隆基无节制地对外用兵的讽谏之意。玄宗开元十八年（公元 730 年），西域吐蕃在数败于唐军之后，遣使求和，双方恢复了和平。七年后，玄宗利用吐蕃人疏于防范之际，派兵入侵吐蕃，重创吐蕃军。公元 739 年（玄宗开元二十七年），吐蕃再次求和，玄宗不允。一年后，吐蕃军攻占唐边境重镇石堡（今青海省会西宁西南）。玄宗天宝七年（公元 748 年），唐遣陇右节度使、大将哥舒翰与吐蕃军激战，收复了石堡，此役唐军战死者数以万计。杜甫的《前出塞》诗，正是针对这一战事有感而发的。

民间俗语中有“打蛇要打七寸”的说法，说的也是这个道理：蛇无头不行，打了蛇头，这条蛇也就完了。此计用于军事，是指打垮敌军主力，擒拿敌军首领，使敌军彻底瓦解的谋略。如果错过时机，放走了敌军主力和敌方首领，就好比放虎归山，后患无穷。

【用计例说】

公元 23 年，王莽的数十万大军包围了昆阳。刘秀率部突围出城，试图到其他各地召集援军。当刘秀率援军返回昆阳时，发现王莽的大军已将昆阳城围得水泄不通。刘秀召集部下共同商议破敌之策，两相比较敌我形势后，刘秀认为自己带来的援军数量不多，即使再加上守城的部队，和庞大的王莽军相比，人数还是处于绝对的劣势。在这种情况下，敌人气势很盛，且实力强于汉军，如果盲目与之交战，几乎毫无胜算。经反复考虑，刘秀决意用“擒贼擒王”的作战方案：从援军中抽调精壮将士组成敢死队，首先进攻莽军的帅营，接着大队人马一鼓作气摧毁敌人的指挥中枢，使敌人未战先乱，然后与守城部队里应外合，内外夹攻，争取一鼓作气拿下敌人。

刘秀亲自挑选了三千人的敢死队，自昆阳城东向城西迂回作战，冲击莽军的中坚。莽军的统帅王邑、王寻轻视刘秀，自以为很容易打败刘秀。因而，他们只率领万余人迎战刘秀。还下令其他各营严格管束自己的部队，没有他们的将令，不得擅自出兵。不料，刘秀的敢死势勇不可当，势如破竹，瞬间冲垮了王邑、王寻的先头部队。而莽军其余部队没有接到出击的命令，加上王邑、王寻有言在先，不得轻举妄动，因此无人主动支援王邑、王寻军作战。刘秀率领汉军奋勇冲击，一鼓作气打垮了王邑、王寻的部队。在混战中，王寻被杀，王邑逃跑，莽军因失去了指挥中枢，顿时乱成一团。这时，坚守昆阳的汉军看到刘秀等人所率的敢死队取得胜利，立即打开城门呐喊着冲杀过来，配合援军内外夹攻莽军。莽军的四十二万大军土崩瓦解，王邑只带出几千残兵仓皇向江边逃窜。可见，刘秀正是在敌众我寡的情况下，作出了最具有“性价比”的决断，即不与对方展开阵型硬碰硬的强攻，而是选择攻其中枢，对方中枢一旦瓦解，则其全局便无法有效组织起来，即使人数再多，也只能是一盘散沙，难以发挥出整体的战斗力了。这正是“擒贼擒王”之计的妙用。

第四套　混战计

混战计包括：釜底抽薪、浑水摸鱼、金蝉脱壳、关门捉贼、远交近攻及假途伐虢共六计。“物竞天择，适者生存”，所谓混战计，是指当我方在战争中已经陷入中局时应该使用的计谋。根据当时的战场势态分析，我方可能与对方处于势均力敌的状态，甚至局势已经开始转向对我不利，这时我方就要在竞争中主动实行疑敌之计，所谓“混”也正基于此。表面为“混”，实则为“清”，让对手陷于看不清、摸不透的状态，然后在混乱的局面中把握住制胜的要素，达到乱中取胜的目的。本套计策是分别从“蛊之、剥之、困之、乘之、利之”五个方面来展开介绍的。

第十九计　釜底抽薪

【释义】

釜：古代的一种锅。薪：柴。釜底抽薪，即把柴火从锅底抽掉。比喻从根本上解决问题。也指暗中进行破坏。

【原典】

不敌其力[1]，而消其势[2]，兑下乾上之象[3]。

【按语】

水沸者，力也，火之力也。阳中之阳[4]也，锐不可当；薪者，火之魄也，即力之势也，阴中之阴[5]也，近而无害。故力不可当而势犹可消。《尉缭子》[6]曰："气实则斗，气夺则走[7]。"而夺气之法，则在攻心。昔吴汉为大司马[8]，有寇夜攻汉营，军中惊扰，汉坚卧不动。军中闻汉不动，有顷乃定。乃选精兵反击，大破之。此即不直当其力而扑消其势也。

宋薛长儒为汉、湖、滑三州通判[9]，驻汉州。州兵数百叛，开营门，谋杀知州、兵马监押[10]，烧营以为乱。有来告者，知州、监押皆不敢出。长儒挺身徒步，自坏垣入其营中，以祸福语乱卒曰："汝辈皆有父母妻子，何故作此？叛者立于左，胁从者立于右！"于是，不与谋者数百人趋立于右；独主谋者十三人突门而出，散于诸村野，寻[11]捕获。时谓非长儒，则一城涂炭[12]矣！此即攻心夺气之用也。或曰：敌与敌对，捣强敌之虚，以败其将成之功也。

【注释】

①敌：对抗，攻击。力：强力、锋芒。

②消：削弱、消减。势：气势。

③兑下乾上之象："兑下乾上"为《周易》六十四卦中的履卦。兑为泽，为阴柔之象。乾为天，为阳刚之象。整个卦象为阴胜阳、柔克刚。若占得此卦，预示事情将经历险阻而后通达，终于顺利。此处借用此卦，意在说明：遇到强敌，不要去与之硬碰，而要用阴柔的方法去化解对方的刚猛之气，进而设法制服他。

④阳中之阳：火旺水沸，指强大力量中的显著者，前一个"阳"指强大的力量，后一个"阳"是非常显著的意思。

⑤阴中之阴：拿掉产生火源的未燃柴草，指强大力量中的隐藏者。

⑥《尉缭子》：古代兵书，相传为战国时期大梁人尉缭子所著。

⑦走：退却。

⑧吴汉：东汉南阳宛（今河南南阳）人，字子颜。本是贩马的，后归刘秀，为偏将军，伐蜀，八战八克，位至大司马。大司马：古代官名，三公（司徒、司空、司马）之一，不同朝代职属有所不同。

⑨薛长儒：宋代绛州（今山西新绛）人。历任汉、湖、滑三州通判。汉：汉州，今四川广汉。湖：湖州，属今湖南省。滑：滑州，属今河南省。通判：官名。宋代初年为了削减藩镇的权力，派朝臣担任通判来管府州军，也与知府、知州共同掌管政治。

⑩知州：官名、宋代掌管全州政事的文官。兵马监押：官名，宋代掌管全州军事的武官。

⑪寻：不久。

⑫涂炭：比喻极困苦的境地。涂：泥涂。炭：炭火。

【译文】

不直接迎击敌人的锋芒，而是要设法削弱敌方的气势，采取以柔克刚的策略转弱为强，从而制伏敌人。

按语：水能够沸腾翻滚，需要借助某种力量，也就是依靠火的力量，火烧得越旺，水就沸腾得越猛，这样一种显而易见的强大的力量，是锐不可当的。木柴干草是产生火的精气之所在，也是这种力量产生的必要条件，它蕴含着很大的能量。但是，柴草自身并不凶猛，即使靠近它也不会产生危害。所以，强大的力量虽然不可阻挡，但它产生的条件和依托却是可以削弱的。《尉缭子》中说："士气如果旺盛，就奋力争斗，气势如果不足，就应避开敌人。"削弱敌人气势的办法，就在于对敌人运用攻心战。东汉初年，吴汉做大司马，有一次，敌人趁黑夜偷袭汉营，当时军中一片惊慌混乱，可吴汉却安然躺着不动。军中将士听说自己的主帅如此坚定沉着，不一会儿也就安定下来。这时吴汉才开始挑选精锐部队进行反击，一下子就把敌人杀得大败而逃。这就是不直接抵挡敌人的强大攻势，而是运用计谋消减其气势的方法。

宋代时，薛长儒担任汉州、湖州、滑州三州的通判，驻扎在汉州。有一次，守卫汉州的几百名士兵发生了叛乱，他们打开营门，企图杀害知州和兵马监押。有人前来报告，知州和兵马监押都吓得不敢出门。薛长儒却挺身而出，从坏了的墙壁只身进入军营中，利用攻心战术劝诫叛乱的士兵说："你们都有父母妻儿，为什么要做这种叛乱的事情呢？带头叛乱的人，都站到左边去，凡是没有参与谋划、只是被迫跟从的，都站到右边去。"于是随大流参与叛乱的多数士兵都站在了右边，只有为首的十三个人夺门而出，逃到了野外的村子里，不久之后就都被捉拿了。当时的人们都说，要不是薛长儒，整个汉州城的人就都要遭殃了。这就是善于利用攻心的战术削弱敌人气势的具体运用。有人说，"釜底抽薪"就是在两军作战之时，要突袭强大敌人的薄弱之处，击破敌人，取得完全的胜利。

【探源】

"釜底抽薪"出自《汉书·枚乘传》："欲汤之沧，一人炊之，百人扬之，无益也，不如绝薪止火而已。"意思是说，想要使热水凉下来，如果有一个人在不停地烧火，即使派一百个人扬汤止沸，也不会有什么效果，还不如直接把釜底的柴草拿走，让火熄灭。北齐魏收《为侯景叛移梁朝文》写道："抽薪止沸，剪草除根。"明代戚元佐的《议处宗藩疏》中也说："谚云：扬汤止沸，不如釜底抽薪。"人们常用"釜底抽薪"比喻要从根本上解决问题。作为军事斗争中的计谋，它要求我们在战争中不要单纯依靠正面攻击取胜，还要设法打击敌方的薄弱处或关键点，如粮草辎重、水源、归路等，借以削弱敌方的战斗力，从而把对方击败。

【用计例说】

东汉末年，诸侯混战，天下渐成割据之势，河北袁绍乘势崛起。公元 199 年，袁绍率领十万大军攻打许昌。次年，曹操仅以两万兵马与袁绍军队相持于官渡。由于两军相持了很长时间，后勤供给就显得尤为重要了，而最重要的供给便是粮草。为了保障战争需要，袁绍特意从河北调集了一万多车粮草，屯集在大本营以北四十里的乌巢。因为兵力远胜于曹操，袁绍并没有把敌人放在眼里，认为胜利唾手可得，于是也就放松了对乌巢的防守，仅仅派了小股部队于此镇守。曹操探听到这个消息，认为乌巢是官渡之战的一个关键点，打下乌巢，袁绍军供应中断，将自乱阵脚，而乌巢防守稀松，正给了曹操一个天赐良机。于是他亲自率五千精兵星夜兼程，夜袭乌巢。驻守乌巢的袁军还没弄清发生了什么情况，曹军便已经包围了粮仓。曹操下令火烧乌巢，一把大火点燃了大大小小的运粮车，顿时浓烟四起，袁军的一万多车粮草顷刻间便化为灰烬。袁绍大军闻讯，惊恐万状，军心浮动。曹操趁此良机发动全线进攻，袁军士兵士气不稳，十万大军四散溃逃，袁绍带领八百亲兵，艰难地突围回到了河北，从此一蹶不振。"官渡之战"以曹操以弱搏强、大获全胜而告终。在战斗中，曹操有意避开与袁军的正面交战，而是借助"釜底抽薪"的计策，从敌人的薄弱点，也就是军粮下手，断敌后路，乱其军心，从而控制了战争的主动权。

第二十计　浑水摸鱼

【释义】

浑水摸鱼（也写作“混水摸鱼”），原意是在浑浊的水中，鱼晕头转向，乘机摸鱼，可以得到意外的好处。比喻趁混乱时机攫取不正当的利益。此计用于军事，是指当敌人混乱无主时，乘机夺取胜利的谋略。

【原典】

乘其阴[1]乱，利其弱而无主。随，以向晦入宴息[2]。

【按语】

动荡之际，数力冲撞[3]，弱者依违[4]无主，敌蔽而不察，我随而取之。《六韬》[5]曰：“三军数惊，士卒不齐，相恐以敌强，相语以不利，耳目相属，妖言不止，众口相惑，不畏法令，不重其将：此弱征也[6]。”是鱼[7]，混战之际，择此而取之。如：刘备之得荆州[8]，取西川[9]，皆此计也。

【注释】

①阴：内部。

②随，以向晦入宴息：语出《易经·随》卦。随：卦名，本封为震下兑上。上卦为兑为泽，下卦为震为雷。言雷入泽中，大地寒凝，万物蛰伏，故卦象名“随”。《易经·随》卦的《象》辞为：“泽中有雷，随。君子以向晦入宴息。”随：在此处为顺从天时之意。晦：晚上、夜里。宴息：休息。

③冲撞：相互冲击碰撞，这里指不同力量间相互角逐、相互

争斗。

④依：依靠、拥护。违：反对、违背。

⑤《六韬》：我国古代兵书名，旧题周吕望（即姜太公）撰，大约成书于战国中后期。全书分文韬、武韬、龙韬、虎韬、豹韬、犬韬六卷，故称“六韬”。

⑥三军数惊，士卒不齐，相恐以敌强．相语以不利，耳目相属，妖言不止，众口相惑，不畏法令，不重其将：此弱征也。此句出自《六韬·龙韬·兵征》一篇。齐：指一致的目标。耳目相属：指相互之间交头接耳、窃窃私语。妖言：怪诞不经的邪说。征：预兆，迹象。

⑦鱼：猎取对象，比喻敌人。

⑧荆州：古代“九州”之一，在荆山、衡山之间。汉代时为十三刺史部之一，辖境约相当于今天的湖南、湖北二省及河南、广西、广东、云南的一部分，汉末以后辖境逐渐缩小。

⑨西川：今四川西部一带。

【译文】

借敌方内部发生混乱之机，利用其力量虚弱而又没有主见的弱点，使之顺从于我方，就像到了夜晚，人必须入室吃饭、休息一样。

按语：在局面动荡的时候，各种力量相互角逐，势力弱小者该顺从哪一方或是反对哪一方还很难确定，而与我方敌对的势力对此还没有觉察，这时候我方就要抓住时机设法让这个弱小的势力归顺到自己这一边。《六韬》上说：“军队不断陷入惊慌之中，士兵各自为政，难以形成统一的步调，这些都是因为过高地估计敌人而产生的畏惧心理。他们相互传播着泄气的话，交头接耳，不断递眼色传谣言。大家相互蛊惑，不再畏惧法令，不再尊重将领：这些都是军队怯弱的象征。”这样的猎物在混战的时候应该乘机捕捉。比如，东汉末年刘备取得荆州和西川，就是用的这一计策。

【探源】

“浑水摸鱼”一词，起初可能是渔民们从捕鱼实践中摸索、总结出来的一句经验性俗语，后来被用于社会生活的其他领域，成为一则成语。公元前6世纪希腊寓言家伊索的《伊索寓言》中有一则与此类似的故事，讲的是一位渔夫在河里捕鱼时，先拦河张网，然后用绳子拴上石块，面向渔网击打水底，鱼吓得到处乱游，有些撞进网里。当地有人见渔夫这样做，责怪他把水搅浑了，使人不能喝到清水。渔夫说："若不是把水搅浑，我就捕不到鱼，捕不到鱼，我就会饿死。"有人把这则希腊故事作为汉语成语"浑水摸鱼"的来源。不过，这则希腊寓言译介到中国来的时间与《三十六计》成书时间的先后关系还有待进一步考证，但至少我们可以得出一个结论："浑水摸鱼"中蕴含的智慧思想在中西文化语境中都有所彰显。在中国兵家的学说中，它要求我方有意给敌方制造混乱，并最大限度地利用这种混乱，乘敌方陷于首尾不能自顾之机，消灭敌人，夺取胜利。

【用计例说】

在著名的赤壁之战中，曹操兵败，孙刘两家大获全胜。为了防止孙权北进威胁许昌，曹操派大将曹仁驻守南郡（今湖北省公安县）。南郡是重要的战略要道，一向为兵家必争之地，孙权、刘备此时都想攻取南郡，获得战略上的主动权。吴军大都督周瑜因赤壁大胜，正在春风得意之时，他下令发兵攻取南郡。同时，刘备也把大军调至油江口（今湖北省公安县北）驻扎，明显也是对南郡有想法。看到刘备和自己都在打同样的主意，周瑜非常生气，他对部下说："我东吴不惜一切代价，定要攻取南郡，那刘备休想做此美梦！"刘备为了稳住周瑜，便首先派人到周瑜营中去预祝东吴攻占南郡。周瑜心想：我一定得亲自去见见刘备，看看他葫芦里卖的是什么药。于是，第二天，周瑜真的来到刘备营中回谢。酒席之上，周瑜开门见山地问刘备他的军队驻扎在油江口，是不是也和东吴一样，对南郡有所图谋？刘备却说："听说都督要攻打南郡，特来相助。如果都督不取南郡，那我就去占领。"周瑜听后大笑说："南郡指日可下，为何不取？"刘备说："都督千万不要轻敌，那曹仁是一员勇将，你们能不能打败他而攻下南郡，话还真不好说。"一贯骄傲自负的周瑜听刘备小看他的实力，自然很不高兴，便脱口说道：“我若攻不下南郡，就听任你去取好了。”刘备盼的就是这句话，于是马上接道：“都督说得好，子敬（即鲁肃）、孔明都在场作证。我先让你去取南郡，如果取不下，我就去取，你可不能反悔啊。”周瑜听后笑笑，根本没有把刘备的话放在心上。周瑜走后，军师诸葛亮建议刘备先不要急于进兵，而让周瑜先去与曹兵厮杀，相机而动。

周瑜发兵，首先攻下彝陵（今湖北宜昌）。正当他乘胜攻打南郡时，不料却中了曹仁的诱敌之计，自己也中了毒箭受伤，只得坚守营门，不再出战。任曹仁每日派人到周瑜营前叫战，尽使侮辱周瑜之能事，周瑜也不为所动，坚守不出。

一天，曹仁又亲率军队前来周瑜帐前挑战，周瑜带领数百骑兵突然冲出营门迎击曹军。孰料，甫经开战，忽然听见周瑜大叫一声，口吐鲜血，坠下马来，被众将救回营中。其实，这是周瑜定下的欺敌之计，他让部下散布自己箭毒发作而死的消息，还让营中遍奏哀乐，士兵们也穿起孝服。曹仁闻讯，认为毒箭果真要了周瑜的命，如果此时劫营，东吴没有准备，群龙无首，他曹仁必能大胜。当晚，曹仁率大军前去劫营，曹营中只留下少数士兵驻守。当曹仁率军趁黑夜之机冲入周营，但见周营之中空无一人。曹仁心生不安，自知中计，急忙下令退兵，但为时已晚。一声炮响之后，周瑜部众如神兵天降，从四面八方杀来。曹仁好不容易冲出包围，向南郡方向败退，却又被东吴伏兵半路阻击，曹仁眼看南郡是回不去了，只好向北夺路而逃。周瑜见曹仁败退，马上率军直奔南郡。但是，当周瑜赶到南郡，却见南郡城头布满“刘”字旌旗。原来，赵云已奉诸葛亮之命，乘周瑜与曹仁陷入激战时，轻易地攻占了防守空虚的南郡。同时，诸葛亮又利用在南郡的曹仁府中搜得的兵符，连夜派兵冒充曹仁的援军，轻而易举地夺下了荆州（今湖北省江陵县）和襄阳（今湖北省襄樊市）。周瑜此时才知吃了诸葛亮的大亏，不由得气昏过去。周瑜力战曹军，诸葛亮却“浑水摸鱼”轻取南郡，这正是诸葛亮“一气周瑜”的典故。

第二十一计　金蝉脱壳

【释义】

蝉变为成虫时要脱去幼虫时的壳。金蝉脱壳，比喻巧妙地脱身逃遁，使对方不能及时发觉，或比喻事物发生根本性的变化。

【原典】

存其形，完其势[1]；友不疑，敌不动[2]。巽而止，蛊[3]。

【按语】

共友击敌，坐观[4]其势。倘另有一敌，则须去[5]而存势。则金蝉脱壳者，非徒走也，盖为分身之法也。故大军转动，而旌旗金鼓，俨然原阵，使敌不敢动，友不生疑。待己摧他敌而返，而友敌始知，或犹且不知。然则金蝉脱壳者，在对敌之际，而抽精锐以袭别阵也。如：诸葛亮卒于军，司马懿追焉。姜维令仪[6]反旗鸣鼓，若向[7]懿者，懿退，于是仪结营而去。檀道济[8]被围，乃命军士悉甲，身白服乘舆徐出外围，魏惧有伏，不敢逼，乃归。

【注释】

①存其形，完其势：保持原有的战阵形貌，完备继续战斗的各种态势。

②敌不动：指稳住敌人。

③巽（xùn）而止，蛊：语出《易经·蛊》，“蛊”卦为巽下艮上。艮为山、为刚，为阳卦；巽为风、为柔，为阴卦。故“蛊”的卦象是“刚上柔下”，意即高山沉静，风行于山下，事可顺当。又，艮在上，为静；巽为下，为谦逊，故又是“谦虚沉

静”，“弘大通泰”是天下大治之象。巽而止：即我方暗中转移主力，去平息战乱。蛊：惑乱。

④坐观：坐视，旁观。指冷静地观察和判断，不轻举妄动。

⑤去：指调走队伍。

⑥姜维：字伯约，天水（今甘肃甘谷）人。诸葛亮死后，为军权继承人，曾多次率兵出伐中原，劳而无功。仪：杨仪，字威公，襄阳（今湖北省襄阳市）人，曾为蜀国长史。

⑦向：这里指进攻。

⑧檀道济：南朝宋司空，屡有战功。后因威名太大，被宋文帝杀害。他被捕时，说：“乃坏汝万里长城。”

【译文】

保留阵地原有的战斗形态，保持战斗原有的各种气势。使友军不去怀疑，敌人也不敢轻举妄动。此时，我方可顺势暗中转移主力，打击别处的敌人。

按语：同友军联合对敌军作战，要冷静仔细地察明敌、我、友三方的态势。如果另外发现有敌人，在分兵打击这个敌人时必须保持部队原有的阵势，不要让人发觉自己军事力量的转移。所谓“金蝉脱壳”，并不是消极地一走了之，它是一种分兵作战的方法。因此，当我方部队转移的时候，仍然要保持原先的旗帜招展、锣鼓擂动的样子，就好像我军的阵势始终没有发生过改变一样，这就可以使敌人不敢轻举妄动，友军也不至于产生猜疑。等到我军打垮了别处的敌人再返回来，友军和敌人才发觉我军曾发起过其他的军事行动，甚至最终都一直蒙在鼓里。由此可见，“金蝉脱壳”的计策就是对敌作战时，暗中抽调自己的精锐部队去袭去别处敌人的计谋。比如，诸葛亮在前方病死之后，姜维统领大军撤回蜀国，司马懿派兵在后面追击，姜维命令杨仪把旌旗指向魏军，率部队掉头，重新擂响战鼓，做出要进攻司马懿的样子。司马懿害怕中计，只好退兵，于是杨仪顺利地班师回朝。又如檀道济被敌人围困时，命令士兵都披上战甲，自己则穿着显眼的白衣坐在车上，缓缓地走出敌人的包围圈。敌人害怕中了檀道济的埋伏，不敢靠近，他从而得以安全地撤回部队。

【探源】

“金蝉脱壳”作为三十六计中的计谋名称，在元代之前就已经存在了，如元代戏剧家施惠所写的《幽闺记》第七出中，有“曾记得兵书上有个金蝉脱壳之计”。再如《元曲选·朱砂担》第一折也有类似的书写。金蝉脱壳，原意是蝉在蜕变的时候，本体脱离皮壳而走，只剩下蝉壳还挂在枝头，远远望去，真假难辨。作为军事斗争中的一种计谋，它指在敌我力量对比悬殊的情况下，为了迅速摆脱敌人或者迷惑敌人，就要巧妙地制造假象，使自己主力的行动在隐蔽的情况下完成。

【用计例说】

宋朝开禧年间，宋军名将毕再遇与金军对垒。几番激战下来，金兵节节败退，于是又调集数万精锐士兵，要与宋军决战。此时，毕再遇所率兵马仅有几千，从数量上处于绝对的劣势，如果与金军正面交锋，恐怕难以取胜甚至会全军覆没。为了保存实力，以图战机，毕再遇准备率部暂时撤退。可是此时的金军已经兵临城下，如果发现宋军撤退，定会全力追杀。毕再遇冥思苦想整整一夜，终于想出了一条安全的疑兵计策。转天半夜时分，毕再遇令兵士擂响战鼓，一时间宋军大营鼓声阵阵，金军听到鼓声，以为是宋军趁夜劫营，急忙出寨迎战。出来一看，哪里有宋军士兵，只听见鼓声，却不见一兵一卒。宋军连续不断地击鼓，搅得金兵难以休息。金军的首领很快就明白了：原来这是宋军采用的疲兵之计，想用战鼓搅得我们无法休息。那好，我们将计就计，你擂你的鼓，我睡我的觉。就这样，宋营的鼓声持续了三晚，最后鼓声越来越弱，金军首领认为宋军已经疲惫，便派兵小心翼翼地逼近宋营。见宋营仍毫无反应，便下令金兵直捣黄龙冲进宋营。可进去一看才发现，宋军部队早已人去营空了。原来，毕再遇想到的计策正是“金蝉脱壳”，他命令兵士将数十只羊捆绑后腿倒挂在树上，每只羊身体下面放了一面鼓，羊被倒挂，甚是难受，前腿拼命蹬踢，从而鼓声隆隆不断，使金军误以为宋军部队还在。在这个战例中，毕再遇用“悬羊击鼓”迷惑了敌军，悄悄将大部队安全转移了。

第二十二计　关门捉贼

【释义】

关门捉贼，原意为盗贼进屋行窃时，关门将其捉住。与之语义相近的还有“关门打狗”。从字面意义上可以看出，这是一条围困并歼灭敌人特别是小股敌人的计谋。

【原典】

小敌困之。剥，不利有攸往[①]。

【按语】

捉贼而必关门者，非恐其逸[②]也，恐其逸而为他人所得也；且逸者不可复追，恐其诱也。贼者，奇兵[③]也，游兵[④]也，所以劳我者也。《吴子》[⑤]曰：“今使一死贼，伏于旷野，千人追之，莫不枭视狼顾。何者？恐其暴起而害己也。是以一人投命，足惧千夫。”[⑥]追贼者，贼有脱逃之机，势必死斗；若断其退路，则成擒矣。故小敌必困之，不能，则放之可也。

【注释】

①剥，不利有攸往：语出《易经·剥》，原文为：“剥，剥也。柔变刚也。不利有攸往，小人长也。”剥：有剥离、走脱之意。剥卦为坤下艮上。上卦为艮、为山，下卦为坤、为地。此卦意为广阔无垠的大地在吞没山峦。

②逸：逃脱，逃逸。

③奇兵：出乎敌人意料而突然袭击的军队，常与“正兵”相对。

④游兵：流动作战的小股军队。

⑤《吴子》：即《吴起兵法》。战国时卫国人吴起所撰，与《孙子兵法》齐名，世称“孙吴兵法”。

⑥今使一死贼，伏于旷野，千人追之，莫不枭视狼顾。何者？恐其暴起而害己也。是以一人投命，足惧千夫：出自《吴子·励士》。死贼：亡命之徒，也引申为敢死的勇士。枭视狼顾：如猫头鹰一般盯视，如狼一样频顾，形容行动警惕、顾虑很多，有所畏忌。暴起：突然跃起或兴起。投命：舍命，拼命不怕死。

【译文】

对付小股敌人，要把他们迅速围困消灭掉。若让他们逃脱，我方则千万不可轻易追击或远袭，防止中了敌人的诱兵之计。

按语：捕捉盗贼时一定要先把门关上，不仅仅是怕他逃跑，还怕贼逃走之后反而被别人捉得而利用，而给我方造成不利。而且，对逃走的贼寇不能再追，以免中其诱敌深入之计。军事战争中所谓的“贼”，是指突然来袭、不按常规阵法布置的敌人，他们是要我方被动，以便实现他们的计划。兵书《吴子》上说：“现在让一个亡命之徒埋伏在旷野里，你派一千个人去搜索他，捉拿他，也会十分困难，这是为什么呢？因为每个追击这个亡命之徒的人都会害怕他突然从某个地方出现袭击自己。所以说，一个人只要是玩命不怕死，就足以让一千个人恐惧。”根据这个道理推测，追赶敌军的时候，敌人如有机会脱逃，势必会拼死战斗；而如果截断他的去路，敌军就易于被歼灭了。所以，对付数量不多的小股敌人，一定要把它包围起来彻底歼灭，如果不能一举围歼，那么暂时放它逃走也是可以的，千万不要轻易追击。

【探源】

“关门捉贼”是民间流传已久的俗语，它与另一民间俗语“关门打狗”的意思相近。后来人们把日常生活中的这种小智谋移用在战争上，便有了不同凡响的意义。这一战术最早在《孙子兵法》中便有体现，如《谋攻篇》中说：“故用兵之法，十则围之，五则攻之，倍则分之。”孙子这里提出了这样一条用兵的原则：己方兵力十倍于敌就包围敌人，己方兵力五倍于敌就进攻敌人，己方兵力两倍于敌就想方设法使敌分散，进而消灭敌人。这一原则，包含了集中兵力、包围聚歼等思想，与“关门捉贼”之计的思路是一致的。《兵法圆机·发》也有类似的说法：“制人于危难，扼人于深绝，诱人于伏内。张机设井，必度其不可脱而后发。盖早发敌逸，犹迟发失时。故善兵者制人于无所逸。”古人常会说：“穷寇莫追”，对于为了活命而逃亡的敌人，如果追赶过于急切，他们便会狗急跳墙，拼力死斗，即使我方能够取胜，也要付出很大的代价。因此，在军事实践中，对于小股的敌人，就要通过集中兵力、包围聚歼等方式，给予其以一击毙命的彻底打击。它与军事家和军事指挥员们经常使用的围歼战、口袋阵等战术是殊途同归的。就我国古代战争史来说，使用此计的著名战例包括战国时代孙膑与庞涓马陵道之战（公元前 342 年）、秦赵的长平之战（公元前 262 年）、汉初的楚汉垓下之战（公元前 203 年）等，古今中外运用此计消灭对手的战例不胜枚举。

【用计例说】

战国后期，秦国攻打赵国。赵国名将廉颇见秦军来势汹汹，便命令部队坚守长平（今山西省高平北），不与秦军主动交战。这种相持的局面一拖就是四个多月，秦军兵困马乏，士气低落，这让秦王忧心忡忡。后来，谋士范雎向秦王进了一条离间之计，使得赵王对廉颇产生怀疑，并调回廉颇，改派赵括为将到长平与秦军交战。赵括抵达长平后，彻底改变了廉颇坚守不战的策略。他只知纸上谈兵，缺乏实战经验，却又刚愎自用，刚到营地便要和秦军决一死战。秦将白起了解赵括的性格，就故意在与赵军的几次交战中不尽全力，让赵括尝到甜头。赵括果然得意忘形，以为秦军不过如此，不堪一击，于是就派人到秦营下战书，相约决战。此举正中白起的下怀，这是他对赵括设下的诱兵之计。

转天，赵括率四十万大军迎战秦军，秦军佯装败退，一直退至大营。赵括也一直追到了秦军大营，孰料秦军坚守不出，赵括连攻数日也无计可施，只能先行退兵。而这时，他突然得到令他震惊的消息：自己的后营已经被秦军攻占，粮道也被秦军截断。同时，秦军已经依照白起四面包围、聚而歼之的计策，明里撤退，暗中围攻，把赵军全部包围了起来。这一围困，整整持续了四十六天，赵军粮绝，军心彻底涣散，甚至发生了士兵杀人相食的惨剧。事已至此，为了避免军内生出更大的变故，赵括只得传令全军，选择一切方式拼死突围。可是，白起已经在赵军各个可能突围的位置严密部署了部队，任赵括从哪个方向出击，都被秦军轻而易举地打回。最后，赵括本人中箭身亡，赵国的四十万大军全军覆没。中了白起“关门捉贼”之计的赵国，从此一蹶不振。

第二十三计 远交近攻

【释义】

远交近攻，最初作为外交和军事策略，是指和远方的国家结盟，而与相邻的国家为敌。这样做既可以防止邻国肘腋之变，又使敌国两面受敌，无法与我方抗衡。

【原典】

形禁势格[①]，利从近取，害以远隔。上火下泽[②]。

【按语】

混战之局，纵横捭阖[③]之中，各自取利。远不可攻，而可以利相结；近者交之，反使变生肘腋[④]。范雎[⑤]之谋，为地理之定则，其理甚明。

【注释】

①形禁势格：禁：禁锢、限制。格：阻碍。有人认为，本句是指当要进攻的军事目标受到地理条件的限制。也有人认为，所谓“形禁势格”，是说世界上充满了矛盾，这些矛盾使世界上所有的事物，包括各种政治势力既互相联系又互相制约，从而构成“形势”，这种说法是可取的。

②上火下泽：语出《易经·睽》，睽卦为兑下离上。上卦为离、为火，下卦为兑、为泽。上火下泽：是水火相克，水火相克则又可相生，循环无穷。睽：离违，即矛盾。本卦《象》辞说：“上火下泽，睽，君子以同而异。”意为上火下泽，两相违离，志趣不同的，也可以达到暂时的结合，就像两人同床异梦一样，

取得一时的共同相处。

③纵横捭阖（bǎi hé）：战国时期，一批从事政治活动的谋士，以审察时势、陈明利害的方法，以“合纵”“连横”的主张游说各诸侯国君主，对当时形势有一定影响，其代表人物为苏秦、张仪。苏秦主张合纵，合齐、楚、燕、韩、赵、魏等山东六国之力以抗秦。张仪主张连横，分别游说六国服从秦国。当时谋士一般分属合纵、连横两派。纵横捭阖即指战国时代策士以合纵或连横之政治主张游说各国诸侯。后来称以辞令测探、打动别人，在政治和外交上运用联合或分化的手段为“纵横捭阖”。捭阖：开合，这里指拉拢分化。

④变生肘腋：比喻变乱发生在近处或周边。肘腋：胳膊肘与胳膊窝，比喻亲信、助手或是极近的地方。

⑤范雎：战国时期魏国人。他入秦游说秦昭王，驱逐专权的外戚，主张用远交近攻的谋略战胜各国。

【译文】

在受到地理条件的限制时，如果攻取离我较近的敌人，就有利于我，而越过近敌去攻取远敌，则对我有害。运用《周易》中“睽卦”上的“上火下水”相违的道理，使敌形成水火之势，相互矛盾违离，而我方则可利用敌人的矛盾，尝试各个击破。

按语：在纷乱的战争局势中，各种力量都想采用相互联合、结交等行为来分化他敌，这都是为了保证他们自身获取利益。不要去进攻离自己较远的敌人，可以用一些利益和他们结交；也不要去结交离自己较近的敌人，否则很容易产生变乱。战国时范雎提出的“远交近攻”的谋略，就是以地理条件的不同作为选择策略的准则，其中的道理是浅显易明的。

【探源】

“远交近攻”这一计名出自《战国策·秦策》：“范雎曰：‘王不如远交而近攻，得寸，则王之寸；得尺，亦王之尺也。’”这是范雎说服秦王的一句名言，也是成语“得寸进尺”的一个来源。战国末期，七雄争霸。秦国经商鞅变法之后，势力发展最快。公元前270年，秦国穰侯魏冉正要发兵攻打齐国的时候，秦昭襄王接到一封信，上书人说有事关秦国国运的大事要亲自面奏秦王。秦昭襄王即位后，大权都被太后和穰侯魏冉操纵，因权力旁落而郁郁寡欢的秦昭襄王很想得到有识之士的帮助，真正掌握权力，所以立即答应召见这位上书的人，并让他在离宫等待自己。

在秦昭襄王乘车去离宫的路上，突然闯出一个大汉挡住了车马，不让秦王车队通过。秦王的随从大声呵斥那个人，告诉他这是王驾，不得阻挡。那人却高声答道：“我只听说秦国有太后和穰侯，从没听说还有大王啊！”大汉的声音很洪亮，秦昭襄王听到这些话，便知这人如此胆大，肯定非等闲之辈，于是亲自下车来与大汉对话。秦王好言好语一问，才知道这个人就是上书给他的范雎。秦昭襄王让范雎随他的车马到了离宫里，支去左右服侍自己的随从，才诚恳地向范雎求教治国道理。范雎刚才故意挡道拦驾，其实就是来试探秦王诚意的，现在看见秦王态度至诚至恳，心中颇为感动，便开门见山地说：“诸侯之中，秦国的军事力量可以说是最强大，但是十五年来，秦国的疆土并没有什么拓展，这只能说是太后和穰侯没有真心为秦国的利益出力，而秦王您在治国策略上也有偏颇啊！”见范雎的分析一针见血，秦王大为佩服，让他接着说。于是范雎继续说道：“太后和穰侯专权的事非一朝一夕可解，这件事并不必着急。我们单说眼前的事吧，我听说穰侯要出兵攻打齐国，这个计策实在不高明啊。齐国离秦国距离遥远，中间还隔着韩、魏两个国家。如果秦国出兵太少，则不足以打败齐国；如果出兵太多了，则受害的首先还是秦国。假如说，我们无法战胜齐国，这肯定是秦国的奇耻大辱；即使大王把齐国打败了，也没法把齐国和秦国连接起来，只是使韩、魏两国从中渔利，得到好处，而秦国的益处实在有限。我认为最好的策略应该是‘远交近攻’，也就是把远方的齐国暂时团结起来，离间齐国与邻国的关系。而‘近攻’可以先把临近的韩国、魏国拿到手，之后再发兵攻齐，自近而远，如蚕食叶，这样一来，齐国就容易攻下了，而秦国的版图则可以连在一起了。”

秦昭襄王认为范睢制定的远交近攻的策略非常可取，立即拜他为客卿。几年后，秦王摆脱了太后和穰侯的干预，独揽大权，正式任命范睢为丞相，大力推行远交近攻的方略，派使者主动与齐国结盟。其后四十余年，秦始皇继续坚持“远交近攻”之策，远交齐楚，近攻韩、魏两国，最终统一了中国。

【用计例说】

春秋时期，周天子的地位实际上已被架空。这时群雄并起，逐鹿中原，大小战争不断。郑庄公正是在这种混乱局势下，巧妙地运用了“远交近攻”的计谋，取得了霸主地位。当时，郑国的近邻是宋国和卫国，两国都与郑国结怨很深，矛盾非常尖锐，郑国随时处于被两国夹击的不利局势中。而如果两国真的合力攻击郑国，则郑国很可能就此灭亡。因此，外交策略对郑国来说，就显得尤为重要了。在外交方面，郑国国君决意采取积极主动的策略，先后与邾、鲁等国结成盟国，又与实力更为强大的齐国订立盟约。公元前 719 年，宋、卫两国联合陈、蔡两国共同攻打郑国，鲁国也派兵前来助战，将郑国的东门围困了五天五夜。虽然最终郑国守住了自己的城池，但郑庄公已经感到它与鲁国的关系还不够牢靠，便用了很多方法和鲁国重修旧好，以共同来对宋、卫两国。

公元前 717 年，郑国以替邾国雪耻为名，发兵攻打宋国。同时，郑庄公向鲁国积极发动外交攻势，主动派使臣到鲁国去，商议把郑国在鲁国境内的一块土地还给鲁国。鲁国国君大喜，当即同意与郑国结为盟友，两国重归于好。齐国国君见郑国和宋国打仗，便亲自出面调停郑国和宋国的关系，郑庄公当即表示尊重齐国的意见，暂时与宋国修好。齐国国君见郑庄公很把他的话当回事，因此也加深了对郑国的友好之情。

公元前 714 年，郑庄公以不朝拜周天子为由，代替周天子下令攻打宋国。郑、齐、鲁三国结盟，三路大军很快攻占了宋国的大片国土。宋、卫两国的军队避开联军的锋芒，想去偷袭郑国。

郑庄公把他打下来的宋国土地全部送给了齐国和鲁国，自己则迅速回兵，与想偷袭自己的宋、卫联军展开大战，取得大胜。宋国一战而败，卫国被迫求和。值此一役，郑庄公的实力大大增强，开始称霸一方。

第二十四计　假道伐虢

【释义】

假道伐虢（guó），又叫“假途伐虢”“假途灭虢”。假道：是借路的意思。伐：是攻占的意思。虢：是春秋时的一个小国。假道伐虢用于军事上，其意在于先利用甲做跳板去消灭乙，达到目的后，回过头来连甲一起消灭，或者以向对方借道为名，行消灭对方之实。

【原典】

两大之间，敌胁以从，我假以势[①]。困，有言不信[②]。

【按语】

假地用兵之举，非巧言可诳，必其势不受一方之胁从，则将受双方之夹击。如此境况之际，敌必迫之以威，我则诳之以不害，利其幸存之心，速得全势，彼将不能自阵，故不战而灭之矣。如：晋侯假道于虞以伐虢[③]。晋灭虢，虢公丑奔京师。师还，袭虞灭之（《左传·僖公五年》）。

【注释】

①我假以势：假：假借。

②困，有言不信：语出《易经·困》，困卦为坎下兑上。上卦为兑、为泽、为阴，下卦为坎、为水、为阳。卦象表明：本该容纳于泽中的水，现在离开泽而向下渗透，以致泽无水而受困。同时，水离开泽流散无归则是自困，故卦名为“困”。困：困乏。本卦《象》辞说：“困，有言不信。”意为处在困乏境地，是不会

单纯相信嘴巴所说的。

③晋侯：即晋国的国君，此处指晋献公（前 676 年—前 651 年在位）。虞：周文王时建立的诸侯国，姬姓，在今山西平陆北。公元前 655 年晋国假道伐虢时，被晋突袭所灭。虢：春秋时代诸侯国名。有东虢、西虢、北虢之分，姬姓。此处指北虢，建都上阳（今河南陕县东南），占有今河南三门峡和山西平陆一带，公元前 655 年为晋所灭。

【译文】

处在敌我两个大国中间的小国，当敌方强迫它屈服的时候，我方要立刻出兵，显示威力，予以援救。对于这种面临困难的国家，光是说在嘴上，而没有实际行动，那是不会使它相信的。

按语：以对敌国采取军事行动为名，借别国的道路去敌国打仗，这种欺诈的计策不是靠花言巧语就能够成功的。除非我方打算借道的这个小国家处于这样的两难境地：不屈从于一方，就会受到双方的夹击。在这种局势之下，敌国必然会对这个小国进行武力威胁，而我方则应采取相反的态度，即以绝不使其受到侵害之类的好言来利诱它，以迎合它侥幸图存的心理，我方则趁机迅速把自己的势力伸展进去，使他丧失对自己阵地的控制权。这样一来，我方不需要通过战争途径就能吞并它，达到不战而胜的目的。春秋时期，晋国国君向虞国借道，想要去攻打虢国。当晋国灭掉了虢国之后，虢国公丑逃奔到周朝京都洛阳。等晋灭了虢国回师经过虞国时，又乘虞国军队毫无防备之机，灭掉了虞国。

【探源】

“借道伐虢”这一计名语出《左传·僖公五年》。《左传·僖公五年》上记载：“晋荀息请以屈产之乘与垂棘之璧，假道于虞以灭虢。”讲的是春秋时期，晋国想吞并邻近的两个小国——虞国和虢国。然而，这两个国家与周王室是同宗，因此两国关系一向不错，形成了同盟。如果晋攻打其中任何一国，另一国就会出兵援助，给晋国带来麻烦。晋献公担心两国联合抗晋，就找大臣们商议，大臣荀息献上一计说："我们现在还不能讨伐虢国，一来因为虢国自身戒备森严，难以下手，二是虢国与虞国关系很好，容易形成攻守同盟。我们要想攻占它们，就必须实行离间的计策分而治之。我听说虢国的国君喜欢美女，主公可以给虢公送去一些美女，消磨他的意志。"晋献公依计而行，火速送了一些美女给虢公，虢公便认为这是晋国主动示好的标志，于是每日沉迷于酒色之中，逐渐放松了对晋国的戒心。

荀息得到从虢国传来的消息，认为攻击虢国的时机已到，便建议晋献公说："现在我们可以让军队准备攻打虢国了，但是我们先要离间它和虞国的关系，让虞国不去援助虢国。我听说虞国国君贪婪好利，主公可以把您心爱的屈产良马和垂棘之璧送给虞公，向他借路去讨伐虢国，他必然会同意。等我们灭了虢国，反过头来还可以攻打虞国，虞国此时没有了虢国的援助，必然会失败。等将来我们灭了虞国之后，这两件宝物自然还会回到主公的手中。"晋献公虽然有点舍不得自己的宝物，但一想荀息说的句句在理，便同意实行这个计策。

从那之后，晋国便有意在晋、虢两国边境制造事端，从而找到了伐虢的借口。随后，晋国派荀息出使虞国，请求虞国借道让其伐虢。虞公看了美玉和宝马，早已乐不可支，满口答应了荀息的请求。不过，荀息的计策被虞国的大臣宫之奇看穿了，他再三劝虞公说："大王，这件事您可不能答应啊。虞、虢两国山水相连，唇齿相依，俗话说'唇亡齿寒'，虢国要是灭亡了，晋国下一个要打的就是我们虞国啊。"虞公却斥责宫之奇说："晋献公把他最喜爱的宝贝送给了我，我又怎么能吝惜借一条道路给他呢？况且为了虢国这个弱朋友去得罪晋国这个强有力的朋友，那才不划算呢。"宫之奇预料虞国大祸将至，恐殃及家人，便带着全家及早逃走了。

按照和虞国商定的路线，晋大军通过虞国，攻打虢国，很快就取得了胜利。班师回国时，晋军大将里克把劫夺财产的三成分给了虞公，虞公非常高兴，认为晋国很够朋友。随后，里克假装自己生了病，请求暂时把部队驻扎在虞国京城附近，自己养好病再走。虞公不但不怀疑，还经常派人送药慰问里克。一个月之后，晋献公亲率大军来到虞国，并与里克大军会合，一举攻下了虞国。而献公送给虞公的美玉宝马经此一战后，也完璧归赵复归晋国。

【用计例说】

用“假道伐虢”之计取胜的战例很多。公元339年，东晋桓温举兵讨伐北方的少数民族政权燕国。燕国国君慕容玮见大事不妙，火速派使臣到前秦求援，并答应如果前秦能助其解围，日后就把虎牢关以西的地区送给前秦作为回报。秦王苻坚与群臣商议此事，许多大臣都反对对燕国施以援手，因为当年桓温攻打前秦的时候，燕国人采取的是隔岸观火的态度，对前秦不理不问，因此今天燕国有难，我们也不应该提供助力。而大臣王猛却持有不同的意见，他认为，如果桓温消灭了燕国，东晋的力量就会大大地增强，等它的力量再积聚多一点的话，早晚会回过头来再次攻打前秦，敌我形势此消彼长，对前秦是非常不利的。如果答应燕国的请求，帮助燕国攻打桓温，从目前的力量对比上来说，前秦取胜的可能性非常大，而燕国为了解自身之围，必然也会全力死战。经过此番交战，燕国必会元气大伤，前秦正可顺势消灭燕国。苻坚认为王猛的建议非常有道理，决定发兵救燕。秦燕两国组成联军，最终打退了桓温带领的东晋军队。得胜之后，前秦向燕王索要先前他许诺的虎牢关以西的土地，一向贪财的燕王觉得心疼，便有意抵赖拖延，而这正中前秦下怀。苻坚需要找一个理由来攻打燕国，燕国国君失言抵赖，正给了秦军出兵的理由。前秦全军出击，很快攻下了燕国，实力得到了进一步的增强，为一统北方打下了坚实的基础。

第五套　并战计

并战计包括偷梁换柱、指桑骂槐、假痴不癫、上屋抽梯、树上开花及反客为主共六计。所谓并战，就是指双方兵力相等、将帅相仿、势均力敌、相持不下的一种战场态势，这些计谋中的大多数是针对友军而设的。虽然对方是自己的盟友，但是随着战场形势的变化，盟友也可能转化为潜在的敌人，趁我不备加以偷袭，因此我方不能对他们掉以轻心。在这种情势下要想竞争取胜，就得妙施攻守的变化。

第二十五计　偷梁换柱

【释义】

偷梁换柱，即用偷换的办法，暗中改换事物的本质和内容，以达蒙混欺骗的目的。比喻暗中玩弄手法，以假代真，以劣代优。

【原典】

频更其阵[1]，抽其劲旅[2]，待其自败，而后乘之[3]。曳其轮也[4]。

【按语】

阵有纵横，天衡[5]为梁，地轴[6]为柱。梁柱以精兵为之，故观其阵，则知精兵之所在。共战他敌时，频更其阵，暗中抽换其精兵，或竟代其为梁柱，势成阵塌，遂兼[7]其兵。并此敌以击他敌之首策也。

【注释】

①频更其阵：频：频繁、不断地。其：指示代词，这里是指的盟军。阵：古代作战时用的阵式。

②劲旅：精锐部队、主力部队。

③乘之：乘：乘机，这里是指乘机加以控制。

④曳其轮也：曳：拖住。这句话出自《易经·既济》，其象辞为："曳其轮，义无咎也。"本句意为：拖住他们的车轮。

⑤天衡：一作"天冲"。指部署在阵形前后的兵力，作用类似于房屋的大梁。

⑥地轴：指部署在阵形中央的兵力，作用类似扩房屋的柱子。

⑦兼：兼并，吞并。

【译文】

多次变动友军的阵容，调开它的主力，等待它无法控制自己的阵地和军队时，就乘机进攻它。这就像控制住了车的四个轮子，也就掌握了车辆的运行一样。

按语：排兵布阵有东西、南北方位的纵横之分，部署于阵前阵后的“天衡”首尾相对，好比房屋的大梁一般，而部署在阵中的“地轴”贯穿阵列中央，好比房屋的支柱，梁、柱方位都是主力部队担当。所以察看对方的阵容，就能发现它的精锐兵力排布在哪里。如果和盟军共同对敌作战，要设法多次变动它的阵容，暗中抽换它的精兵。或者派自己的部队去代替它作梁、柱，这种阵势一旦形成，它的防守力量就会垮掉。这时我方可以立即发动进攻，马上兼并它的部队。这是兼并这股势力以便再去进攻其他敌人的首选之策。

【探源】

汉代王充《论衡》中有：“传语又称纣力能索铁伸钩，抚梁易柱，言其多力也。”唐朝张守节《史记正义》引《帝王世纪》也说：“纣倒曳九牛，抚梁易柱。”意思是商纣王的力气惊人，能够用手托住房梁换柱子。据传，商纣王的父亲帝乙一次领着纣王及文武百官游览御花园欣赏牡丹花开，行至飞云阁处，见到阁上塌了一梁，帝乙心中很是不高兴。纣王见状，竟凭其力大无比，“托梁换柱”，把一座飞云阁修好了。后来“抚梁易柱”这个词逐渐演变成了“抽梁换柱”或“偷梁换柱”，意思也发生了改变，比喻改换事物的形式或内容，用偷换的办法，达到蒙混欺骗的目的。《红楼梦》第九十七回，描述王熙凤设计以薛宝钗冒充林黛玉与贾宝玉成婚时，也说道“偏偏凤姐想出一条偷梁换柱计”。此外，还有一些词语如“偷天换日”“偷龙换凤”“调包计”等计策，也都是同样的意思。

这一计策主要是指在敌人力量比较强大，而其主力又已完全暴露，或我方的外部情况已为敌人所掌握的形势下，为了抓住扭转战局的关键，可在敌人不知不觉中调开其主力，借以分散削弱其力量。或为了蒙骗敌人，可在暗中更换我们的部署，合并盟友的主力，借以增强自己的力量，进而达到变劣势为优势的目的。

【用计例说】

秦始皇称帝后，自以为大秦江山一统，必将子孙万代绵延下去。此时，他认为自己还有盛年之威，身体尚可，精神上佳，因此朝内有人提出应早点确立储君的建议时，秦始皇并没有上心。他认为还可以多利用一些时间，观察他的两个儿子，等待一些时日再行择立。秦始皇有两个儿子，长子扶苏和幼子胡亥，宫廷内也形成了分别以两人为首的政治集团。一个是长子扶苏、蒙恬集团，另一个是幼子胡亥、赵高集团。扶苏讲求仁德，行事坦荡，心地善良，在朝内朝外都享有很高的声誉。秦始皇也很喜欢这个儿子，心中欲立他为接班人，为了历练他，便派他到著名将领蒙恬驻守的北线部队去作监军，让他亲自接近士卒，熟悉战况。而幼子胡亥一向骄横放肆，早就被娇宠坏了，特别是在宦官赵高的教唆下，他天天只知沉溺于声色犬马，一看就不成器，难以继承大统。

公元前210年，秦始皇第五次南巡，到达平原津（今山东平原县附近）时，突然得了重病。此时，秦始皇知道自己离死期不远，便连忙召唤丞相李斯，要李斯代他传达密诏，让长子扶苏继承他的王位。当时掌管玉玺和起草诏书的人是宦官赵高。赵高虽为太监，但他一直都怀有政治野心，如今始皇即将驾崩，他觉得这是一次难得的好机会，便故意扣压密诏，等待时机。几天后，秦始皇病死在沙丘平召（今河北广宗县境）。平召离国都距离很远，李斯担心一旦此时发丧，恐国内形势动荡，而太子回来还需时日，所以他决定秘不发丧，不许任何随从透露秦始皇驾崩的消息。赵高特此去找李斯，告诉他："皇上赐给扶苏的信并没有发出，这封信被我扣下了，信里的内容也只有你我才知道。现在，谁成为太子，我和你就可以决定。"见李斯一脸惶惑，赵高又对李斯讲明其中利害："扶苏在蒙恬那里，两人关系一向亲密，而蒙恬率兵数十万，一旦拥兵自重，恐怕是谁都难以控制的。若扶苏继位，蒙恬一定成为他的红人，到那时，你还能稳坐丞相的位置吗？”赵高的一席话，果然说得李斯心动。二人连夜合谋，制造出一封天衣无缝的假诏书，诏书下令赐死扶苏，也要杀掉蒙恬。扶苏见到诏书，痛苦万分，但他以为这真的是父王的遗命，便挥剑自杀了，他的势力随之也分崩瓦解。

赵高使用了“偷梁换柱”的计策，用假诏书换走了真诏书，没有动用一兵一卒就完成了王朝的王位更替，有才能的扶苏自尽了，而昏庸无能的胡亥，也就是秦二世登上王位，这就为秦朝的灭亡埋下了祸根。

第二十六计　指桑骂槐

【释义】

指桑骂槐，亦作“指桑树骂槐树”，也作“指桑说槐”。指着桑树数落槐树，比喻表面上骂这个人，实际上骂那个人。在军事上，是说治军有时采取适当的强刚手段便会得到应和，行险则遇顺。

【原典】

大凌[①]小者，警以诱之[②]。刚中而应，行险而顺[③]。

【按语】

率数未服者以对敌，若策[④]之不行，而利诱之，又反启其疑。于是故为自误，责他人之失，以暗警之。警之者，反诱之也。此盖以刚险[⑤]驱之也。或曰：此遣将之法也。

【注释】

①凌：压迫、控制，这里指统领、约束。

②警以诱之：警：警戒，这里是指使用警戒的方法。诱：诱导。

③刚中而应，行险而顺：语出《易经·师》卦，本卦为异卦相叠（坎下坤上），下卦为坎为水，上卦为坤为地。水流地下，随势而行。这正如军旅之象，故名为“师”。本卦《象》辞说：“刚中而应，行险而顺，以此毒天下，而民从之。”“刚中而应”是说九二以阳爻居于下坎的中信，叫“刚中”，又上应上坤的六五，此为此应。下卦为坎，坎表示险，上卦为坤，坤表示顺，

故又有“行险而顺”之象。以此卦象的道理督治天下，百姓就会服从。这是吉祥之象。“毒”：“督”音，治的意思。

④策：策动。

⑤刚险：强硬和奸诈相结合的手段。

【译文】

强大的力量制服弱小的力量，要用警告的办法来诱迫他。采取适当的强硬手段，可得到应和；使用果敢的手段，可以使人敬服。

按语：统率相当数量不服从自己的部属去和敌人作战，如果你调动指挥他们的方式行不通，他们就不服从你。然而若你用金钱或其他利益去诱惑他们，又可能会引起他们更大的怀疑。在这种情况下，可以故意制造失误，以此为借口责备别人的过失，借以暗示警告。所谓警告，就是从反面进行诱导。这就是用杀一儆百的手段迫使部众服从的方法。有人说，这就是调兵遣将之法。

【探源】

“指桑骂槐”这一计名出自民间谚语，比喻一种间接对别人进行批评、指责的方法。“指桑骂槐”只是借用了桑、槐的名字符号，本身与桑槐没有什么关系。与其意思相似的成语还有指桑说槐、指东说西、指猪骂狗、指鸡骂狗、捉鸡说狗等。这些俗语结构和意思都是相似的。可能是由于桑槐、东西、猪狗、鸡狗等事物和老百姓的日常生活密切相关，故而人们在表达指此说彼的意思时，便自然用到了这些来源于生活的词语。《红楼梦》第十六回描写王熙凤向贾琏发牢骚时说：“你是知道的，咱们家所有的这些管家奶奶．哪一个是好缠的？错一点儿，他们就笑话打趣，偏一点儿，他们就指桑骂槐……”

【用计例说】

春秋时期的“兵圣”孙武深谙“指桑骂槐”之道，在“吴宫勒兵”中，他利用这个方法把一群没有受过任何军事训练的宫女在短时间内培养成可以上阵御敌的战士。这个故事在司马迁的《史记》中也有记载，讲的是齐国人孙武因为著有一部兵法，为吴王阖闾所知，吴王读到了孙武写的兵法，心生钦佩，立即在自己的宫殿里召见了孙武。吴王对孙武说：“你的兵法十三篇我都认真看过了，写得真是精妙无比，先生是否可以试试用你的方法来指挥我的军队呢？”孙武说：“这当然可以。”吴王想试探一下孙武的本事，便有意“刁难”他，让他用宫女进行一场小规模的演练，孙武也毫不犹豫地点头应允了。

于是，吴王让宫中的宫女嫔妃都出来列队，总共一百八十人。众美女一到校军场上，只见旌旗招展，战鼓横排，都是她们在深宫中没见过的，于是一个个东瞅西瞧，嘻哈聊天。孙武下令把一百八十名美女分成两队，任命吴王的两个宠妃分别作为两队的队长。两个妃子哪里做过带兵的官儿，只是觉得好玩。孙武好不容易才分好队列，并发给每人一件不是很重的兵器。孙武十分耐心地、认真细致地对这些美女们讲解操练要领。他说：“你们都知道自己的心、左右手和脊背吗？”“女兵”们回答“知道”。孙武说：“好，那我说‘前’的时候，你们就一起注视自己心口的方向；我说‘左’的时候，你们就一起注视左手的方向；我说‘右’的时候，你们就一起看你们右手的方向；我说‘后’的时候，你们就一起看你们脊背的方向。明白了吗？”“女兵”们纷纷表示明白，于是孙武就命令属将在校军场上摆下刀斧等刑具，威严地说：“练兵不是儿戏！你们必须要听从命令，不能马马虎虎，更不能目无军纪，嬉笑打闹，如果谁违犯军令，一律按军法处置！”

演练开始了，孙武命令擂起战鼓，发令说：“右！”但是美女们以为是在做游戏，全都哄堂大笑，没有人按照指令行动。孙武并没有生气，而是严肃地说道：“我作为将军，没有把动作要领给大家交代清楚，这是我的错，不怪你们。”于是他又一次详细讲述了动作要领和军队纪律，并问道：“大家听明白了没有？”大家齐声回答：“听明白了！”

鼓声再起，孙武发令：“左！”美女们还是一个未动，笑得比上次更加厉害了。吴王见此情景，也觉得有意思，心想：你孙武本事再大，肯定也无法让这些美女们听你的调动啊。孙武见无人执行命令，板下脸来说道：“如果说动作要领和军规没有交代清楚，那是将军的过错，现在军法都已经交代清楚了，而你们不服从命令，就是你们的过错了。按军法，违反军令者斩，队长没有身先士卒，应先受罚。”他当即将两个队长、也就是吴王的爱妃推出斩首。吴王一听，慌了手脚，急忙派人对孙武说：“将军确实善于用兵，军令严明，本王十分佩服。这次，请放过寡人的两个爱姬，如果没有了她们，我会伤心得寝食难安啊。”孙武回答道：“将在外，君令有所不受。大王既然要我演习兵阵，那我只能依照军法来行事，不然军法的威严何在呢？”于是，他下令将吴王的两名爱姬斩首示众，刚才还嬉笑不已的那些美女一个个鸦雀无声，吓得魂飞魄散。孙武命令继续操练，他让排头两名美女继任队长，又擂起战鼓操练。众美女按规定动作一丝不苟，毫厘不差地完成了操练任务，操练过程中没有一个人出声。孙武见军令有了成效，便向吴王报告：“大王，士兵操练好了，请您检视。”吴王见孙武斩了自己的爱姬，心中很不高兴，但孙武治兵的才能经此一事也展现无疑，吴王便任孙武为将，终使吴国跻身强国之列。

第二十七计　假痴不癫

【释义】

假痴不癫，指假装痴呆，掩人耳目，另有所图。此计用在军事上指的是虽然自己具有相当强大的实力，但故意不露锋芒，显得软弱可欺，用以麻痹敌人，骄纵敌人，然后伺机给敌人以措手不及的打击。

【原典】

宁伪作[1]不知不为，不伪作假知妄为。静不露机[2]，云雷屯也[3]。

【按语】

假作不知而实知，假作不为而实不可为，或将有所为。司马懿之假病昏以诛曹爽，受巾帼假请命以老蜀兵[4]，所以成功。姜维九伐中原[5]，明知不可为而妄为之，则似痴矣，所以破灭。兵书曰："故善战者之胜也，无智名，无勇功。"[6]当其机未发时，静屯似痴；若假癫，则不但露机，且乱动而群疑：故假痴者胜，假癫者败。或曰：假痴可以对敌，并可以用兵。宋代，南俗尚鬼。狄武襄（青）征侬智高时[7]，大兵始出桂林之南，因佯祝[8]曰："胜负无以为据。"乃取百钱自持，与神约："果大捷，则投此钱尽钱面也。"左右谏止："倘不如意，恐沮[9]师。"武襄不听。万众方耸视[10]，已而挥手一掷，百钱旨面。于是举兵欢呼，声震林野。武襄亦大喜，顾左右，取百钉来，即随钱疏密，布地而贴钉之，加以青纱笼护，手自封焉。曰："俟凯旋，当酬神取钱。"其后平邕州还师，如言取钱，幕府[11]士大夫共祝视，乃两面钱[12]也。

【注释】

①伪作：假装、佯装。

②静不露机：静：平静、沉静。机：这里是指心机。

③云雷屯也：语出《易经·屯》的象辞，原文为“云雷，屯，君子以经纶。”茅草穿土初出叫作“屯”。屯卦为震下坎上。震为雷，坎为雨，为云，云在雷上，说明茅草初出土时，即遇雷雨交加。用屯卦又是九五陷于二阴之中，并为上六所覆蔽，有阴阳相争不宁之象，更意味着事物生长十分艰难，所以说“屯，难也”。面临这样的艰难局面，人们必须冷静处置，认真调理，周密策划，要“经纶运于一心”而不动声色；要“‘盘桓’安处于下”而以屈求“伸”；要因势利导，待机而功，而决不可“快意决往，遽求自定以为功”。

④巾帼：古代妇女的头巾和发饰。关于司马懿“受巾帼假请命以老蜀兵”事，《晋书·宣帝纪》记载说：司马懿和诸葛亮对峙于五丈原，“亮数挑战，帝不出，因遗帝巾帼妇人之饰。帝怒，表请决战，天于不许，乃遗骨鲠臣卫尉辛毗杖节为军师以制之。后亮复来挑战，帝将出兵以应之，毗杖节立军门，帝乃止。初，蜀将姜维闻毗来，谓亮曰：‘辛毗杖节而至，贼不复出矣。’亮曰：“彼本无战心，所以固请者，以示武于其众耳。将在军，君命有所不受，苟能制吾，岂千里而请战邪！’”老：使……疲惫，使……困乏。

⑤姜维九伐中原：诸葛亮去世之后，蜀将姜维九次率兵北上攻打曹魏之事。

⑥故善战者之胜也，无智名，无勇功：语出《孙子兵法·形篇》。曹操注曰：“敌兵形未成，胜之无赫赫之功也。”杜牧注曰：“胜于未萌，天下不知，故无智名；曾不血刃，敌国已服，故无勇功也。”

⑦狄武襄：即北宋名将狄青。狄青：字汉臣，汾州西河（今山西汾阳）人，英勇善战，在抗击西夏和平定南方侬智高的叛乱中都屡立战功，官至枢密使，去世后谥号“武襄”，因此后人尊

称狄武襄。侬智高：北宋时壮族首领，1041 年自立为王，建立大历国，后改称南天国，曾率部侵宋，后被狄青击败。

⑧祝：祷告。

⑨沮：沮丧，失望。这里是“使……失望”的意思。

⑩耸视：敬畏地注视。

⑪幕府：将帅出征时设立在外的营帐，也借指将帅。

⑫两面钱：指特制的、正面和反面都铸造得完全一样的铜钱。

【译文】

宁可假装糊涂也不要贸然采取行动，不要假装聪明而轻举妄动。要保持沉着冷静，不泄露一点机密，就像雷电在冬季蓄势待发一样，这可以给予敌人出其不意的打击。

按语：自己假装不知道，而实际上非常清楚周围的情况，现在假装不采取行动，事实上是因为条件尚未成熟，等待将来时机成熟再采取行动。三国时，魏国老臣司马懿假装衰老病重麻痹大将军曹爽，使曹爽失去警惕后被杀死。司马懿率军同诸葛亮对峙时，欣然领受诸葛亮送来羞辱他的妇女头饰衣服，还故意向魏主请示，让魏主传谕坚壁不战，从而使蜀军疲惫，最终获得成功。而蜀将姜维九次率兵讨伐中原，明明知道这样做胜算很小，却仍要轻举妄动，这种举动就很愚蠢了，他的失败不可避免。兵书上说：“善于作战而取得胜利的人，并不企图取得机智的声誉，也无意夸耀自己的勇敢与战功。”当战机还没有成熟时，镇定待命就要像人在发呆一样；如果假装癫狂，不但可能暴露了战机，而且会因为错误行动引起大家的猜疑。所以，装作愚痴的人能够胜利，而假装癫狂的将招致失败。有人说：“假痴既可以用来对敌作战，也可以用来治军。”宋代，南方有崇尚鬼神的习俗，北宋名将狄青征讨侬智高时，大军行至桂林以南，他就当众假装拜神祷告说：“这次出兵，胜败还没有把握。”于是自己取出一百枚铜钱，向神许愿：“如果能够取得胜利，那么我把钱丢到地上，钱的正面就都会朝上。”左右的官员听到他如此起誓，便都劝阻他说：“如果弄不好，恐怕会影响军心啊。”但狄青仿佛已经胸有成竹，在万众的注视下，他挥手一掷，一百个铜钱掉在地上，竟然都显示出正面。这时，全军欢乎雷动，声音响彻山村原野。狄青也非常高兴，吩咐左右侍从拿来一百个钉子，按照铜钱在地上的分布把它们牢牢地钉在地上，并用青纱覆盖，又亲自加了封条，说道："等到班师凯旋之日，一定要取出钱来，感谢神灵护佑。”后来，狄青平定了邕州，带领军队还军，按照先前的誓言把钱取回酬谢神灵。他的下属们把一个个铜钱拿起来一看，才发现原来那些铜钱两面都制成了相同的。

【探源】

“假痴不癫”这一计名是从民间俗语“装疯卖傻”“装聋作哑”等转化而来的。在日常生活中，人们为了回避眼前难以解决的矛盾，或者为了渡过某种大的危难，或者为了对付某个势力强大的对手，就有意在一定时期内故意装傻或呆痴，从而迷惑对方，让对方放松对自己的戒备，以便达到保存自己的目的，进而等待时机，伺机战胜对手。

【用计例说】

三国时期，曹操与刘备“青梅煮酒论英雄”这段故事，就是假痴不癫的典型例证。刘备出身皇族，一向抱负远大，无奈自身实力尚弱，根本无法与诸强对抗，只能委身于曹操的控制之下。为了麻痹曹操，让他放松对自己的戒心，刘备装作不问天下事，每日只是饮酒种菜，一副清闲的做派。一天，曹操请刘备来府上饮酒。席间，曹操酒意正浓，便问刘备普天之下谁是大英雄，刘备列了几个诸侯的名字，都被曹操一一否定了。见刘备支支吾吾绕了半天，曹操有些不耐烦，便大声对刘备说道："天下的英雄，唯独你我二人而已！”这一句话说出来，令刘备顿生惊惧，生怕曹操要借机杀他，一时间手中的筷子也掉到了地上。此时，天上突然雷声大作，刘备急忙跟曹操解释说自己被雷声吓掉了筷子。曹操见状，大笑不止，他觉得既然刘备连打雷这样的小事都害怕，终究是成不了大事的，于是放下了对刘备的戒心。在这个故事中，刘备运用了“假痴不癫”的计谋，用惊惧打雷掩饰自己内心的真实想法，从而骗过了生性多疑的曹操。

第二十八计　上屋抽梯

【释义】

上屋抽梯，又作“上楼去梯”或“上房抽梯”，此计用在军事上，是指诱敌深入，然后以包围、迂回、背后突袭和切断退路等战法，将敌全部歼灭的计谋。

【原典】

假之以便，唆[①]之以前，断其应援，陷之死地[②]。遇毒，位不当也[③]。

【按语】

唆者，利使之也。利使之而不先为之便，或犹且不行。故抽梯之局，须先置梯，或示之梯。如：慕容垂、姚苌诸人怂秦苻坚侵晋[④]，以乘机自起。

【注释】

①唆：唆使，诱使。

②死地：古代兵法用语，指一种进则无路，退亦不能，非经死战难以生存之地。

③遇毒，位不当也：语出《易经·噬嗑》。噬嗑卦为震下离上。震为雷，离为火、为电。雷电交加，有威猛险恶之象。又，噬嗑卦为以柔居刚，故不当位，更显形势严峻。噬嗑的本意为吃乾肉，“乾肉虽小而坚，不易噬者也。强欲食之，则不听命而必相害”（王船山语）。把它运用于军事上就是：因很小的利益诱惑而盲目进军，很可能会陷于危险之地。毒：损伤、损害。

④慕容垂：东晋前燕国皇族，因受排挤而投靠前秦苻坚。苻坚于淝水之战战败后，自立为帝，史称后燕。姚苌：羌人，初事苻坚，后把他杀了。在长安称帝，国号大秦，史称后秦。苻坚：晋时前秦君主，与晋淝水之战后大败，自此国势开始衰弱。

【译文】

故意露出破绽，给敌人提供方便条件，引诱敌人深入我方阵地，然后切断他的前应与后援，使其陷入绝境。敌方贪图不应得的利益，就很可能遭受祸患。

按语："唆"的意思，就是用利益引诱敌人。如果仅仅使用小利作为诱饵，而不追加更为诱人的便利条件，那么敌人或许会犹豫不前，不会轻易上钩。因此，凡是用"上屋抽梯"来布局，必须先安置好这个梯子，并且要把这个梯子显示出来，让敌人知道它的存在。比如慕容垂、姚苌等人在前秦与东晋对峙之时，大力怂恿秦王苻坚攻击东晋，这样做的目的是等苻坚兵败势弱后，自己乘机而起。

【探源】

"上屋抽梯"的典故出自《三国志·诸葛亮传》："刘表长子琦，亦深器（诸葛）亮。表受后妻之言，爱少子琮，不悦于琦。琦每欲与亮谋自安之术，亮辄拒塞，未与处画。琦乃将亮游观后园，共上高楼，饮宴之间，令人去梯，因谓亮曰：'今日上不至天，下不至地，言出子口，入于吾耳，可以言未？'亮答曰：'君不见申生在内而危，重耳在外而安乎？'琦意感悟，阴规出计。会黄祖死，得出，遂为江夏太守。"故事是说，东汉末年，刘表宠爱幼子刘琮，不喜欢长子刘琦。刘琦由此感到自己处在十分危险的环境中，便多次请教诸葛亮谋求自保之法，但诸葛亮老是躲避他，不为其出主意。有一天，刘琦约诸葛亮一起观景，并在一座高楼上设宴相聚。当二人正在宴饮的时候，刘琦暗中命人拆走了楼梯，然后对诸葛亮说："现在我们往上到达不了天，往下也到到不了地，您说的话，只有我能够听到，不会隔墙有耳，现在可以请您赐教给我自保之道了。”诸葛亮见状，无可奈何，便把晋献公两个儿子的故事（重耳在外流亡而得以平安，申生在父亲的身边却遭骊姬陷害而亡）讲给刘琦。刘琦马上领会了诸葛亮的言外之意，立即上表请求派往江夏（今湖北武昌西），避开了朝内的祸患，终于求得平安。在这个故事里，刘琦让诸葛亮“上屋”与之交谈，是为了求他指点保命之道，而“抽梯”的策略，是为了打消诸葛亮的顾虑，让他畅所欲言，无所顾虑。

【用计例说】

公元200年，袁绍与曹操在延津交战，袁绍军马齐整，粮草充足，兵力是曹操的十倍。两相比较，孰强孰弱，曹操自然心知肚明。于是，曹操决意使用类似“上屋抽梯”的策略。他泰然自若地调兵遣将，先让人领着百姓往西河去，而后亲自率领士兵去迎战袁军。他故意让押运粮草的士兵在先，而真正要参与作战的士兵列队在后。有一个谋士不解，问曹操这样安排有何用意，曹操回答说：“粮草如果在后面的话，很容易被袁绍派兵抄我们的后路劫去，所以让他们在前面走。”谋士问：“可是粮草队伍在前面，如果与敌军正面遭遇，不是更容易被劫去吗？”在座大臣们都觉得这个谋士的话有道理，但曹操却不以为然，坚持让部下执行自己的命令。大军行进几个时辰后，忽然探马奔驰而来，报告说袁绍派出了大将文丑来迎战，军阵前列押运粮草的士卒见对方来势汹汹，一时畏惧，纷纷撇下粮草逃散了。曹操用马鞭指向不远处的山冈说：“可以让队伍暂时避到那儿去。”接着，他让身旁的一部分骑兵卸下马鞍，把马放到大路上去。不一会儿，文丑的队伍冲过来，见路上到处都是粮草马匹，以为曹军畏战先退，便纷纷下马收拾战利品，一时间这个牵马那个套车，队伍全都乱了套。正当袁军陶醉于意外收获中时，忽然从山冈上冲下曹操的骑兵，文丑军队没有防备，阵型大乱，瞬间溃败。曹操在这里用的就是“上屋抽梯”之计，他先故意抛弃军粮马匹，以此为“梯子”诱惑文丑上钩，而文丑果然中计，钻入了曹操为他布下的口袋，最终难逃兵败的命运。

第二十九计　树上开花

【释义】

树上开花，是指树上本来没有花，但可以借用假花点缀在上面，让美丽的假花和真树交相辉映，使人真假难辨。此计用在军事上，是指当自己的力量薄弱时，可以借别人的势力或某种因素，使自己看起来强大，以此虚张声势，震慑敌人。

【原典】

借局布势①，力小势大。鸿渐于陆，其羽可用为仪也②。

【按语】

此树本无花，而树则可以有花。剪彩③粘之，不细察者不易觉，使花与树交相辉映，而成玲珑④全局也。是盖布精兵于友军之阵，完其势以威敌⑤也。

【注释】

①借局布势：局：局诈。势：阵势。

②鸿渐于陆，其羽可用为仪也：此语出自《易经·渐》卦，意即鸿雁走到山头，它的羽毛可以用来编织舞具。这是借以说明弱小的部队凭借某种力量改变外部形态，使自己的阵营显得强大，好比鸿雁长了羽毛丰满的翅膀。渐卦为艮下巽上。艮为山，巽为风、为木。该卦象辞说："山上有木，渐，君子以居贤德善俗。"意思是说：树木在山上渐渐地成长，而君子也应如树木生长一样，逐日修养自己良好的德行，并影响周围的人，从而形成一种善美的风俗。鸿：指大雁。陆：这里是指天际的云路。仪：

效法。

③剪彩：剪裁花纸或彩绸，制成花朵之类的形状。

④玲珑：精巧，没有破绽。

⑤威敌：慑服敌人。

【译文】

借助某种布局形成对我方有利的阵势，虽然我们兵力弱小，但可以使阵势显出强大的样子。如鸿雁在高空飞翔，横空列阵，它的羽毛可以助长其翱翔的气势。

按语：树上本来没有生长出花朵，但是我们可以人为地把假花布置在它的上面，造成开花的样子。比如，把彩色的绸缎剪裁成花朵，把这些假花粘在树枝上，如果不仔细去察看，人们就很难发现花是假的。让美丽的花朵和树枝互相衬托，营造毫无破绽的逼真场面。这在军事上是指把我方的精锐部队布置在友军的阵地上，以此造成强大的声势，从而使敌人被慑服。

【探源】

“树上开花”是由民间俗语中的“铁树开花”一词转变而来的。《碧严录》写道：“休去歇去，铁树开花。”另见于王镜日《洵年镜》：“俗谚见事难成曰须铁树开花。”这个俗语的原意是说，不可能开花的铁树竟然都开起花来了，形容极难实现的事情竟然完成了。在军事上，本计主要来自一些经典的古代战例，特别著名的是“张飞喝断当阳桥”一战。三国时期，张飞在当阳桥以二三十余名骑兵吓退曹操追击刘备的数万大军，用的就是这条计谋。刘备与曹操在当阳作战失利，只得败退，因部队中有老百姓跟着撤退，造成行军速度缓慢。眼看曹军追兵将至，且刘备军卒数量远逊于曹军，刘备便令张飞在当阳桥先阻击曹军，争取拖延时间，保证大部队撤到安全之地。张飞麾下仅有二三十个骑兵，根本无法与曹操的大队人马周旋，而张飞却临危不惧，他命令所率骑兵都去树林里去砍树枝，并将砍下来的树枝绑在马后，再让士卒用鞭子狠狠抽打马，马儿受惊，开始拖动着树枝到处打转。

而张飞孑然一人手持长矛屹立桥头。曹操军队追来，见只有张飞一人骑着白马，对自己怒目而视，而桥对面的树林中尘土飞扬。一向多疑的曹操见状，误以为桥的对面埋有刘备的大量伏兵，赶紧退兵后撤了。

【用计例说】

战国中期，诸侯纷争。公元前 284 年，著名军事家乐毅率领燕国大军攻打齐国，燕军势如破竹般接连攻下城池七十余座，打得齐国只剩下莒（今山东省莒县）和即墨（今山东省平度县）这两座城了。乐毅集中兵力，包围了莒和即墨这两座城。但在齐国守军的拼死抵抗下，燕军并没有轻易打下城池，一时间形成相持态势。齐国的守城将领是田单，此人也善于使用计谋，他见燕国攻城受阻，便马上派间谍到燕王那里游说："乐毅不是燕国人，当然不会真心为燕国出力了，不然，单单那两座城怎么这么久都攻不下呢？恐怕是他想拥兵自重自己称王吧。"当时，燕国的国君是刚刚即位的惠王，燕惠王当太子时就与乐毅关系不好，此时听到了这些流言，便深信不疑，于是派亲信骑劫取代了乐毅，剥夺了他的兵权。主帅更迭，燕军的军心便产生了浮动。

骑劫一心想迅速攻破城池，显示出自己的威武，但田单却有意不与燕军正面交战，而是精心布局以一系列的谋略胜之。他首先利用两国士兵都具有的迷信心理，要求城中齐国军民每天吃饭前都要把供品摆在空地上，以此来祭祀祖先。这样一来，每到吃饭的时候，总会有成群的飞鸟来供品这里觅食。古人都认为飞鸟云集是吉兆，燕军看到这番情景，也都认为这是上天对齐国的眷顾，一时间人心惶惶，军心不稳。

看到第一招奏效，田单开始第二重谋划。他让间谍向燕军散布谣言，说乐毅对俘虏太仁慈了，他田单最怕燕军割掉齐军俘虏的鼻子，如果燕军这样做的话，齐人肯定会吓破胆。燕军听说后，觉得正可用此法来震慑齐军，骑劫便下令割去了俘虏的鼻子。几天后，田单又让间谍散布说："我们齐人的祖坟都在城外，如果被燕军破坏了，那齐人的心也就散了。"骑劫又让人去掘墓焚尸，这一下子激起了齐国军民的愤怒，他们齐心协力看守城池，唯恐燕军破城，一时间，齐国的城池更牢固了。

紧接着，田单开始实行第三条策略。他派人给骑劫送信，大力称赞骑劫的强大军力，表示齐国城池已经弹尽粮绝，自己愿意开城投降。骑劫认为田单所言非虚，便放松了戒备，单等受降之日到来。孰料，田单在约定投降的前一天把城中的一千多头牛集中起来，用五颜六色的颜料在红布上绘制猛兽的图案，分别披到牛身上，又在牛角上绑上尖刀，再把浸了油的麻苇绑在牛尾巴上。另外，挑选了五千精兵，让他们脸上涂满五颜六色的图案，手持兵器紧跟在牛的后面，从事先在城墙上开凿出的十几个洞中冲出。一到城外，齐军点燃牛尾的麻绳，牛群受惊，疯狂冲向燕军阵地，五千精兵随牛阵而至。骑劫防备不及，燕军大乱，死伤无数，骑劫也在乱军中被杀。田单乘胜追击，一举收复了之前被燕国攻取的七十余城，使齐国转危为安。

第三十计　反客为主

【释义】

反客为主，原意是指在日常生活里，客人与主人位置倒置，客人的行为举止俨然是主人，而主人反而就了客位。此计在军事战略方面，往往反映在同盟军中，起主导地位的主盟者反被颇费心思的从盟方所支配、戏弄，从而落到从盟者所设计的圈套之中。

【原典】

乘隙插足，扼其主机[1]，渐渐进也[2]。

【按语】

为人驱使者为奴，为人尊处者为客，不能立足者为暂客，能立足者为久客，客久而不能主事者为贱客，能主事则可渐握机要，而为主矣。故反客为主之局[3]：第一步须争客位；第二步须乘隙；第三步须插足；第四步须握机；第五步乃为主。为主，则并人之军矣；此渐进之阴谋也。如李渊书尊李密[4]，密卒以败；汉高视势未敌项羽之先，卑事项羽，使其见信，而渐以侵其势，至垓下[5]一役，一亡举之。

【注释】

①扼其主机：扼：操控。主机：最重要的地方，即首脑机关。

②渐渐进也：语出《易经·渐》卦，“渐渐进也，归结也，进得位，往有功也”。渐：逐步，缓进。是指天下的事情要遵循循序渐进的道理，凡是盲目而急躁地行动，就会误入歧途；凡是冷静而顺乎客观规律地前进，就会行而有功。

③局：形势，势态。

④李渊：唐高祖，唐朝的开国皇帝，陕西成纪（今甘肃秦县北）人。他在势力较弱的时候，见李密势力强大，就有意投靠依附于他，后来等自己势力强大时，就把李密灭掉了。李密：长安（今陕西西安）人，隋末参加瓦岗起义军，势力日益强大，后入关降唐，进而反唐，最终为李渊所灭。

⑤垓下：地名，在今安徽省灵璧县东南。项羽的军队与刘邦决战时，在此地遭受了彻底的失败。

【译文】

捕捉敌人的漏洞，乘有利机会把脚插进去，设法控制敌方的要害之处，按照渐卦揭示的道理，循序渐进地走向胜利。

按语：受人驱使的是卑贱的奴隶，受人尊敬的是尊贵的客人，没有立足之地的是暂时的客人，能够站住脚的是长久的客人。长久做客人却不能干预一方事务的是低贱的客人，能主管事务并且逐渐抓住重要大权的，此时就变成了主人。所以，由客人逐渐成为主人，即“反客为主”的局面是这样形成的：第一步必须先争取客人的地位，第二步必须捕捉机会，第三步要乘机插足进去，第四步要掌握大权，第五步则是取代主人而成功。成为主人，在军事上是指吞并了他人的军队，这就是循序渐进的计谋。例如，隋朝末年，当李渊势力还比较弱小、未成气候的时候，就写信给李密，信中尽是谦卑之辞，最终却把李密消灭了。楚汉相争，当刘邦兵力难以和项羽相抗衡的时候，也装出很谦卑的样子尽力侍奉取悦项羽，使项羽相信了他，而刘邦却逐步趁机侵夺项羽的势力，至垓下决战时，一举消灭了项羽。

【探源】

反客为主之计出处说法甚多，总结起来大体有三种：一种是据《唐太宗李卫公问对》载：“臣较量主客之势，则有变客为主、变主为客之术。”另一种是杜牧注《孙子兵法》：“我为主，敌为客，则绝其粮道，守其归路。若我为客，敌为主，则攻其君主。”

《十一家注孙子·虚实篇》也有："饱能饥之。张预注曰：我先举兵，则我为客，彼为主。为客则食不足，为主则饱有余。若夺其蓄积，掠其田野，因粮于彼，馆谷于敌，则我反饱，彼反饥矣，则是变客为主也。"还有一种是《三国演义》第七十一回写的法正对黄忠讲的一段话："夏侯渊为人轻躁，恃勇少谋。可激励士卒，拔寨前进，步步为营，诱渊来战而拎之。此乃'反客为主'之法。"

【用计例说】

唐朝前期爆发安史之乱时，有一个叫仆固怀恩的唐军将领趁势发动了叛乱，他多次煽动吐蕃和回纥两国与他联手攻唐，一时间战事连连。唐代宗永泰元年，也就是公元765年，仆固怀恩带领吐回联军一路杀向泾阳城，矛头已指向唐朝的都城长安。眼看形势危急，唐代宗急令名将郭子仪担任泾阳守将，率军驻扎泾阳城，以抵御联军进攻。郭子仪虽然勇猛，但他手下的兵卒不过万余，和敌军相比劣势尽显。正在双方角力的时候，仆固怀恩在行军途中身染暴病而死，吐蕃和回纥失去了中间联系和协调的关键人物，群龙无首，于是双方都想争夺指挥权，成为联军的统领。最后，两军难以选出统领，便各驻一地，不再互相联合。吐蕃驻扎东门外，回纥驻扎西门外。郭子仪见状不禁暗喜，决意不与这两股势力硬拼，而是趁势分化两支军队，用计智取。

郭子仪曾经和回纥将领一起联合作战过，当时对付的是安禄山的叛军，双方也算有交情。于是，他先秘密派大将李光瓒前往回纥大营转达自己对回纥王的敬意，想借此之机与回纥王一叙旧情。回纥王药葛罗是个重旧情的人，听李广瓒说郭子仪就驻扎在泾阳，与他近在咫尺，便说愿意与郭子仪一见，但郭子仪必须亲自前来回纥的大营才行。李光瓒把回纥王的话转述给郭子仪，郭子仪知道如亲自前去，可能会以身犯险，但只有争取到回纥军，才能打击吐蕃，求取胜利。于是，他决定亲赴回纥营中会见药葛罗，以叙旧情，并乘机说服他们不要和吐蕃联合反唐。

唐军将士们担心回纥使诈，便纷纷劝郭子仪不要涉险，而他为了胜利，早已把生死置之度外，他仅带了几名随从便只身前往回纥营帐。药葛罗见到郭子仪，非常高兴，便吩咐设宴招待郭子仪，双方谈得十分亲热。觥筹交错之间，郭子仪说道："大唐与回纥两家关系一直很好，回纥在帮助我们平定安史之乱时出力很多。今天你们和吐蕃联合进犯大唐，其实是中了吐蕃的圈套，他们是想利用你们与大唐作战，你们不应该上当啊。如果你们能依我所言，乘其不备反戈一击，那么吐蕃的牛羊就都是你们的了，这不是更好吗？"药葛罗听后觉得非常有道理，便表示愿意和大唐结盟，一起攻打吐蕃。吐蕃得知回纥已经和大唐结盟，觉得形势骤变，与己不利，当夜便拔寨撤退。郭子仪率大军与回纥合力追击吐蕃，在灵武台西原大败吐蕃主力。就此，唐朝边境获得了长时期的稳定。

第六套　败战计

败战计包括美人计、空城计、反间计、苦肉计、连环计及走为上计这六计。在作战中，处于被动、劣势是经常会遇到的情况，当面临诸如敌众我寡这样的不利局面时，就可以使用本套所论及的计谋，以真真假假、虚虚实实来迷惑敌人，或者使自己抓住战机反败为胜，或者使主力部队能够全身撤退，实力得以保全。

第三十一计　美人计

【释义】

美人计，是说对于用军事行动难以征服的敌方，要使用“糖衣炮弹”，先从思想意志上打败敌方的将帅，使其内部丧失战斗力，然后再行攻取。

【原典】

兵强者，攻其将；将智者，伐其情①。将弱兵颓②，其势自萎。利用御寇，顺相保也③。

【按语】

兵强将智，不可以敌，势必事④之。事之以土地，以增其势，如六国之事秦⑤，策之最下者也。事之以币帛，以增其富，如宋之事辽、金⑥，策之下者也。惟事之以美人，以佚⑦其志，以弱其体，以增其下之怨。如勾践之事夫差，乃可转败为胜。

【注释】

①情：性情、意志。伐其情：指的是从感情角度加以进攻、软化，即抓住对方思想上的薄弱点深入挖掘。

②颓：崩溃。

③利用御寇，顺相保也：语见《易经·渐》。御：驾驭。寇：敌人。顺：顺利的形势。

④事：侍奉。

⑤六国之事秦：公元前230年到公元前221年的10年间，秦国采用了谋士张仪的“连横”策略，分化并瓦解了齐、楚、燕、

赵、韩、魏六国的联盟，并最终兼并六国，一统天下。

⑥宋之事辽、金：指北宋向辽和南宋向金屈服之事。北宋真宗景德元年（公元1004年）与辽议和，每年向辽纳银十万两、绢三十万匹；南宋高宗绍兴十一年（公元1141年）与金议和，每年向金纳银五万两，绢二十五万匹。

⑦佚：消磨，散失。

【译文】

对于军事力量强大的敌军，首要应该攻击他的将领；对于那些有智谋的将领，要设法动摇他的斗志，打击他的情绪。敌人将领斗志衰弱，士兵的士气自然会消沉瓦解，这样一来，其部队战斗力就会萎缩。这就是利用敌人的弱点来控制敌人、保全自己的策略。

按语：敌人兵力非常强盛，将领也足够明智，就不可以与他硬碰硬作战，而是应该暂时屈服于敌人，尽心巴结敌人。如果选择以割让土地给敌人作为示好的方式，就会增强敌人的实力，就像战国时六国向秦国割地示弱那样，这是最低劣的策略。如果送给敌人金钱布帛等财物示好，这样就会增加敌人的财富，比如北宋巴结辽国、南宋侍奉金那样，这也是下等的策略。因此，如果想要示弱，只有用美女来侍奉敌人，这样就可以消磨他们的意志，削弱他的体质，还可以让他们的部下增加对主帅的怨恨。像越王勾践用美女西施和大量珍宝进献吴王夫差这类做法，才能改变敌我态势，最终摆脱不利，转败为胜。

【探源】

“美人计”指的是在军事上处于弱势的时候，可以用“女色”之类的糖衣炮弹诱惑打击敌人，让敌人沉迷于声色犬马，耽于享乐，从而意志消磨，露出破绽，为我们乘机所用。与本计相关的论述可见《韩非子·内储说下》：“遗人……女乐二人，以荣其意而乱其政。”说的是公元前655年，晋献公派兵攻打虢国，而虞国是必经之道，晋军想向虞国借路伐虢，怕虞君不肯。晋献公采纳了大臣荀息的建议，把几名绝色美女和一些宝物送给虞君。虞君生性贪婪，眼见美女珍奇，便不顾宫之奇等大臣的反对，同意借道给晋国。晋灭虢后，回师途中又轻而易举灭掉虞国。这本是三十六计中“假途伐虢”的典故，却也蕴含了“美人计”的道理。再有《六韬·文伐》也写道：“养兵乱臣以迷之，进美女淫声以惑之。”《兵法圆机》写道：“男秉刚，女秉柔。古之大将，间有借柔者。文用，以愚敌玩寇；武用，则作战驱车、济艰解危。运机应变，皆有利害。男不足，女有行。”都是对这个计策的讲解。

【用计例说】

东汉末年，经历了黄巾起义，东汉的政权名存实亡。董卓立陈留王为皇帝，即汉献帝。一时间董卓权倾朝野，只手遮天，大有谋朝篡位之心。众多汉室大臣见董卓势大，身边又有骁勇善战的义子吕布跟随保护，于是都敢怒不敢言。其中，司徒王允见皇权日衰，董卓势力日盛，不禁忧心忡忡，整天思考如何除掉董卓这个大奸贼。但吕布日夜不离董卓左右，又让王允感觉无从下手。他仔细思量董卓和吕布的特点，发现两人都有一个弱点：都是好色之徒。恰好王允府中有一歌女名叫貂蝉，她不但色艺俱佳，而且深明大义。为了报答司徒王允对自己的恩德，貂蝉就跟王允表示愿意牺牲自己，离间董卓和吕布，为民除害。

转天，王允特意准备了一些珠宝送给吕布，吕布很高兴，就到王允府上致谢。王允设宴招待吕布，并叫自己的“义女”貂蝉服侍吕布斟酒，吕布见貂蝉乃是绝色美人，不由得心猿意马。王允见吕布已经动心，马上提出要将貂蝉许配给吕布为妾，吕布大喜，决定择一吉日迎娶貂蝉。几天后，王允又请董卓到他家里赴宴，席间，王允故技重施，又让貂蝉载歌载舞，以助酒兴。董卓一见貂蝉，便垂涎欲滴。王允见状，便对董卓说：“貂蝉是我的义女，太师您要是喜欢她，我就把貂蝉送给您。”董卓假意推辞一番，便高高兴兴地把貂蝉带回府中了。

吕布得知王允把貂蝉送给了董卓，不禁大怒，他来到王允这里兴师问罪，王允编出一番巧言哄骗吕布。他说：“董太师说想要见见自己的儿媳妇，太师发话了，我怎么敢违背他的命令？太师说今天是良辰吉日，决定把貂蝉带回府中，让她与将军您成亲。”吕布一听，颇为高兴，便信以为真。但是数日已过，还没有貂蝉的消息，吕布一打听，才知道貂蝉已经被他的义父董卓据为己有了。吕布思念貂蝉心切，便来到董府打听消息，却总不见貂蝉人影。于是，他偷偷溜进董府的闺房，正巧遇到貂蝉在梳妆。貂蝉见到吕布，故意做出忧愁悲伤的样子，与他一诉衷情。此时，董卓正在朝堂之上，却不见吕布相随，心生疑窦，赶回府中，正好看见吕布与貂蝉在凤仪亭相拥在一起，情话绵绵，眉目传情。董卓见状大怒，就用戟刺向了吕布。吕布用手一挡，戟没有刺中。见董卓破坏了自己与貂蝉的幽会，吕布怒气冲冲地离开了太师府。

其实，吕布与貂蝉的幽会，是貂蝉依照王允的计谋做出的挑拨之计。王允见貂蝉已经离间了董卓和吕布的关系，认为时机成熟了，便邀吕布到他的密室相商。席间，王允告诉吕布，自己本想把貂蝉许配给他，然而董卓横刀夺爱，强占了他的义女。吕布见王允这样说，也咬牙切齿地大骂董卓说："要不是看在义父子的关系上，我真想杀了他！”王允连忙添油加醋地说："将军此言差矣，你姓吕，他姓董，这算什么父子？再说，他抢了你的妻子，哪里还跟你念什么父子情义，他不过是利用你罢了。”吕布觉得王允所言很有道理，便说："感谢司徒的提醒，不杀老贼，誓不为人！”王允见吕布已下决心，立即假传圣旨，召董卓上朝，说是要将帝位传给董卓。董卓觊觎王位已久，此番获诏入宫，不禁心花怒放。他耀武扬威地进入朝堂，刚刚到达未央殿，便被埋伏在殿内的军士包围了。董卓大惊，连忙呼唤吕布，而吕布突然一戟刺向董卓，直穿董卓的咽喉。王允以貂蝉为诱饵使用“美人计”，一举除掉了董卓这个大奸贼。

第三十二计　空城计

【释义】

空城计，指在危急处境下，掩饰空虚，骗过对方的高明策略。比喻掩盖自己力量的不足，以使对方迷惑或后退，有时也有贬义。

【原典】

虚者虚之[1]，疑中生疑[2]；刚柔之际[3]，奇而复奇。

【按语】

虚虚实实，兵无常势。虚而示虚，诸葛而后，不乏其人。如吐蕃陷瓜州[4]，王君焕死[5]，河西[6]汹惧。以张守珪[7]为瓜州刺史，领余众，方复筑州城。版幹[8]裁立，敌又暴至。略无守御之具。城中相顾失色，莫有斗志。守珪曰："徒众我寡，又疮痍[9]之后，不可以矢石相持，须以权道制之。"乃于城上，置酒作乐，以会将士。敌疑城中有备，不敢攻而退。又如齐祖珽为北徐州[10]刺史，至州，会有陈寇，百姓多反。珽不关城门，守陴[11]者皆令下城静坐，街巷禁断行人，鸡犬不得乱鸣。贼无所见闻，不测所以，或疑人走城空，不设警备。珽复令大叫，鼓噪聒[12]天，贼大惊，登时走散。

【注释】

①虚者虚之：第一个虚字指空虚，与实相对，指军事力量弱小；第二个虚字，意指向敌人显示虚弱的样子。

②疑中生疑：第一个疑字，可疑的形势；第二个疑字，怀疑、疑问。

③刚柔之际：语出《周易·解》卦：“刚柔之际，义无咎也。”解卦的含义是解除困难，本计借用“刚柔之际”的象辞，意在说明刚和柔互相交会，刚柔混杂，这就可以收到迷惑敌人的效果。

④吐蕃：藏族人在公元7～9世纪时在青藏高原上建立的政权。瓜州：在今甘肃安西县东南锁阳城。

⑤王君焕：瓜州常乐人，曾为陇右节度使，吐蕃攻陷瓜州时，力战而死。

⑥河西：唐代的藩镇。治所在今甘肃武威县，管辖的地方相当于今甘肃、青海二省黄河以西，即河西走廊与湟水流域一带。

⑦张守珪：陕西人，唐开元中期为瓜州刺史，因在对吐蕃战争中战功彪炳，升辅国大将军。

⑧版幹：筑墙用的夹板和两头用的立柱。

⑨疮痍：指战争造成的创伤。

⑩祖珽：北齐范阳人，曾为冀州刺史，后为北徐州刺史。敢于抗颜直谏，有奇才。北徐州：北齐设置。治所在今安徽凤阳东北，管辖的地区相当于今淮河以南的蚌埠市和凤阳、定远、嘉山等县。

⑪陴（pí）：城墙上的女墙，即矮墙。

⑫聒（guō）：声音嘈杂、混乱。

【译文】

如果兵力空虚，则可以故意显示出更加空虚的样子，使敌人摸不清虚实，在疑惑中更加疑惑。根据解卦的道理，在敌我力量悬殊的情况下，刚柔兼用，有刚有柔，虚实结合，就会收到非常奇妙的功效。

按语：用兵虚实相生，并没有一成不变的特定模式。本来是空城而示敌以空城，这是一种以虚示虚的用兵方法，在诸葛亮之后使用这条计策的不乏其人。如唐朝时，吐蕃的军队攻陷了瓜州，大将军王君焕战死，河西一带的百姓非常惊恐。当时，张守珪被派来出任瓜州刺史，他到任后马上率领部众修筑城墙。筑城的夹板刚刚立起来的时候，吐蕃人又突然来攻城。这时，城里没有任何防守工具，大家惊惶失措地互相看着，已经丧失了斗志。张守珪鼓励部众说："现在敌军人数多于我们，我们又刚刚经历了战火，伤痕累累，不能用刀兵同敌人进行对抗，而应该用权谋去战胜敌人。"于是，他下令在城楼上摆酒奏乐，同将士们聚会饮酒。吐蕃人见唐军如此轻松，疑心张守珪在城里设下了埋伏，不敢贸然进攻，撤兵而回。

又如南北朝时期，北齐的祖珽做北徐州刺史时，刚一上任就遇到南陈的军队入侵，当地的百姓见敌众我寡，很多人乘机暴乱。祖珽这时却命令部下不要关闭城门，还把驻守城池的士兵都撤下来，让他们静静地坐在街巷里，街道上禁止通行，城里连鸡犬之声都听不到。南陈军队什么也看不到，也听不见任何声音，便无法判断城内的真实情况。有人怀疑这可能是一座空城，而祖珽这时却突然命令城内士兵大声吼叫，喊声震天，陈军听到声势如此庞大的叫喊，大为震惊，立即逃散了。

【探源】

本计来源于明朝罗贯中所写《三国演义》的第九十五回，孔明说："如魏兵到时，不可擅动，吾自有计。"然后作品写道："孔明乃披鹤氅，戴纶巾，手摇羽扇，引二小童携琴一张，于城上敌楼前，凭栏而坐，焚香操琴，高声昂曲。"故事讲的是魏国派司马懿进攻蜀国，诸葛亮派马谡驻守街亭，却因马谡错误的指挥遭受失利，司马懿率兵乘胜直逼陇西城。当时陇西城只有五千人马，其中一半人出外运粮草，只剩一半部众守城。而司马懿的追兵号称十五万人，诸葛亮手下无大将，也无大军迎敌，下属惊恐不已，议论纷纷。而诸葛亮却镇静自若，令部下大开城门，自己则带着两名小童，携瑶琴登上城楼，神态自若地弹琴唱曲。司马懿怀疑诸葛亮在城内设有埋伏，不敢贸然攻击，便传令拨马而回。实际上，诸葛亮并没有摆过空城计，这个故事是罗贯中杜撰的，是艺术创作，而非历史事实。历史上的街亭之役中，魏方的主帅是张部，而非司马懿，孔明根本无法以“空城计”吓退远在数千里之外的洛阳的司马懿。

【用计例说】

春秋时期，公元前666年，楚国的令尹公子元亲率兵车六百乘，浩浩荡荡，攻打郑国。当时，郑国的军事实力较弱，如果正面与楚军对抗，无异于以卵击石。果然，楚国大军一路攻城略地，直逼郑国国都，郑国危在旦夕。这时，郑国的大臣们惶恐不已，意见不一。有的主张拼死对抗，和楚国拼个鱼死网破；有的建议审时度势，向楚国主动示弱求和；还有的认为可以先守好都城，等待救援。或战或和，大家议论半天，难以统一。于是，上卿叔詹向郑王进言说：“请和与决战都不是好的策略。而固守待援倒是一条可取的方案。我们和齐国订有盟约，约定一国有难，另一国要鼎力扶助。而今我们有难，齐国一定会援救我们的。据我所知，公子元攻击我们，实际上是想邀功图名，他必然追求速战速决，急于求成，我有一计，或可用来使楚兵撤退。”

于是，郑国就依照叔詹的计策，命令士兵全部埋伏在起来，不让楚军看见一兵一卒。叔詹让手下打开城门，放下吊桥，看起来完全没有设防。他还让城内的店铺照常开门迎客，使百姓往来如常，不透露出任何慌乱的信息。公子元率楚军先锋到达郑国都城城下，见到城内一切如常，没有特意做出军事布置，心中升起疑云，他想：“城池如此不设防，莫非其中是有埋伏，要诱我中计吗？”想到这里，他率众将来到城外的一块高地，向城内眺望。只见城中确实防守空虚，但又能隐隐约约看到郑国的兵卒。公子元分析之后，认为郑军虚实遮遮掩掩，其中必定有诈，于是令大军按兵不动，先派细作潜入城中探听虚实。

楚军停滞观望，而齐国接到郑国的求援信后，迅速联合鲁、宋两国发兵救郑。公子元闻报后，知道如果三国援军来到，那楚军很难取胜，速胜更是奢谈。于是下令全军连夜撤退，但不准拆走营寨、拔掉旌旗。第二天清晨，叔詹登城远望楚军营帐，说道：“楚军已经撤走了。”众人见敌营营寨旌旗犹存，不敢相信对方真的撤兵了。叔詹就说:"如果楚军营中有人的话，怎会有那么多的飞鸟盘旋其中呢？我们对他们用了空城计，而他们也想对我们实行空城计啊。"这应该是中国有记载的第一个使用空城计的战例。

第三十三计　反间计

【释义】

反间计，通俗来说就是巧妙地利用敌人的间谍为我所用。在战争中，运用巧计使用间谍，是十分常见的战术。

【原典】

疑中之疑。比之自内，不自失也[①]。

【按语】

间者，使敌自相疑忌也；反间[②]者，因敌之间而间之也。如燕昭王薨[③]，惠王自为太子[④]时，不快于乐毅[⑤]。田单[⑥]乃纵反间曰："乐毅与燕王有隙，畏诛，欲连兵王齐，齐人未附，故且缓攻即墨[⑦]，以待其事。齐人唯恐他将来，即墨残矣。"惠王闻之，即使骑劫[⑧]代将，毅遂奔赵。又如周瑜[⑨]利用曹操间谍，以间其将；陈平以金纵反间于楚军，间范增[⑩]，楚王疑而去之。亦疑中之疑之局也。

【注释】

①比之自内，不自失也：语出《易经·比》，"比之自内，不自失也"。该卦上卦坎（水），下卦为坤（地），地与水互相依赖，即指使用反间计，使敌人的阴谋为我所用。孔颖达疏曰："比者，人来相辅助也"。比：辅助。

②反间：诱使敌方的间谍或其他人反为我用，制造其内讧而伺机取胜。间：间谍。

③燕昭王：战国时燕国国君，名平。燕昭王即位之后，招揽

人才，改革内政，燕国实力迅速壮大。燕昭王“二十八年，燕国殷富，士卒乐轶轻战，于是遂以乐毅为上将军，与秦、楚、三晋合谋以伐齐。齐兵败，愍王出亡于外。燕兵独追北，入至临淄，尽取齐宝，烧其宫室宗庙。齐城之不下者，独唯聊、莒、即墨，其余皆属燕”（《史记·燕召公世家》）。薨：自周代开始，为了表明人有尊卑之分，对不同地位的人死亡的称呼也不同，“薨”用以称诸侯之死。

④惠王：燕惠王，燕昭王的儿子。太子：周代天子和诸侯的嫡长子均可称“太子”。

⑤乐毅：战国时燕国的名将，原为赵国人，燕昭王招贤时来到燕国，受到重用，公元前 284 年率军伐齐，攻下齐国都邑七十多座，后逃奔到赵国，被封为望诸君，卒于赵。

⑥田单：战国时齐国名将，齐王同宗。乐毅攻打齐国时，田单坚守即墨而使燕军无法取胜，最终用火牛阵大败燕军，一举收复七十余城，后被封为安平君。

⑦即墨：地名，在山东半岛上，今属青岛市。战国时为齐邑。

⑧骑劫：燕国将领，燕惠王即位后代乐毅为将，好纸上谈兵，贪功冒进，结果被齐国军队打败，死于乱军之中。

⑨周瑜：字公瑾，庐江舒（今安徽省庐江县西南）人，三国时东吴名将，曾指挥孙刘联军在赤壁之战中以少胜多打败曹操。

⑩范增：楚汉相争时，项羽重要的谋士，被尊称为亚父。

【译文】

在敌人处于怀疑和犹豫的情况下，再给他布下疑阵。善于利用敌人内部自生的矛盾来为我服务，就可以使我方不必受到损失。

按语：所谓间，就是离间，目的是让敌人内部互相猜忌生疑；而所谓使用反间计，就是利用敌人派过来的间谍反过来去离间敌人。比如，燕昭王去世后，惠王即位，他向来与乐毅关系不好，对乐毅不满。齐国将领田单利用了燕国君臣的矛盾，使用反间计散布谣言说：“乐毅和燕惠王有矛盾，怕惠王杀他，就借攻齐为名，实际上是想联合在齐国的军队拥兵自重，择时称王。因为齐国的人心尚未归附，所以才不急于攻下即墨，他这样做是在等待时机。现在齐人最担心的，就是怕燕王改派别的大将前来，要是这样，即墨早就被燕国攻占了。”燕惠王听到了这些谣言，信以为真，就用另一名将军骑劫代替了乐毅，乐毅就逃到了赵国。又如三国时，吴国都督周瑜利用曹操的间谍进行反间计，去离间曹操与手下将领的关系。楚汉争霸时，陈平用重金贿赂楚军将士，离间项羽和亚父范增的关系，项羽果然中了离间之计，怀疑范增私下勾结刘邦，于是将他赶走。这也是在疑阵之中再布置疑阵的计策。

【探源】

在《孙子兵法》中，孙武专章分析了间谍在战争中的重要作用，认为间谍在某些时候甚至可以左右战局，发挥决定性的作用。他的《用间篇》中梳理出了五种间谍：利用敌方乡里的普通人作间谍，叫因间；收买敌方官吏作间谍，叫内间；收买或利用敌方派来的间谍为我所用，叫反间；故意制造和泄露假情况给敌方间谍，叫死间；派人去敌方侦察，再回来报告情况，叫生间。其中，“反间”已经涵盖了本计的计名和主要思想。

【用计例说】

本计按语中提到的“周瑜利用曹操间谍，以间其将”的故事，正是“反间计”最为精当的一次应用。三国时期，孙刘联军与曹操军队在赤壁决战。当时，曹操实力处于绝对优势，号称八十三万大军，孙、刘联军的兵力要比曹军少得多。但孙刘联军善于水战，而曹操军士都来自北方，不习水性，因此两方甫经交手，曹操并没有占到任何便宜。曹操为了弥补士兵在水战中的短板，便对精通水战的荆州降将蔡瑁、张允委以重任，命他们在长江中建立水寨，训练水军。张、蔡二将常年率领水军，深知其中战法，一时间曹军如虎添翼，实力大增，这些都被东吴主帅周瑜看在眼里。他深知如果曹军由张、蔡二将带兵，肯定会在大战中于己不利，便产生了一定要除掉这心腹之患的念头。

在曹操眼中，孙刘联军的主力是吴军，而吴军统帅周瑜无疑是他统一江东的最大障碍，同时，他也爱惜周瑜的过人才华，只恨周瑜这样的将才不能为自己所用。曹操部下有一位谋士叫作蒋干，他与周瑜曾是同窗好友，此刻看出曹操的心事，便主动向曹操进言，说他愿意过江劝降周瑜，即使劝降不成，也可以借此机会刺探吴军军情。曹操甚为高兴，立即派蒋干过江，试图劝说周瑜投降，顺便探听对方虚实。此时，周瑜正在苦苦思索如何打败蔡瑁、张允的水军，听手下传报蒋干来访，心中便已猜到对方的来意。顿时，一个反间计谋在他心中酝酿成熟了。他设下豪华的宴席，热情地款待蒋干。酒席上，周瑜故意解下佩剑，对众将说："蒋干老兄是我的故交，我们今天只叙友情，不谈军事，谁要是违令，我的佩剑可不会对他留情面。"周瑜这一说，蒋干也就不好在酒席上谈论劝降一事。

二人叙旧到了深夜，周瑜佯装喝醉，约蒋干同床共眠。蒋干还没有完成此次出行的目标，哪里睡得着觉。他看周瑜已是酩酊大醉、鼾声连连，认为他已经睡熟，便轻轻起身，偷看周瑜案头的书信文件。他发现有一封信署名是蔡瑁和张允，信里说他们是假意投降曹操，实际一直在寻求时机，阴谋反曹降吴。正在这时，忽然传来周瑜的声音，蒋干大惊，回头观看，才发现原来是周瑜在说梦话。蒋干连忙把信揣好，趁周瑜酒醉未醒连夜跑回曹营，让曹操看了那封信件，曹操顿时火起，立即斩杀了蔡、张二人。待冷静下来之后，曹操仔细思量，才意识到自己中了周瑜的反间之计，但为时已晚。

第三十四计　苦肉计

【释义】

苦肉计，指利用“人不自害”的常理，故意毁伤身体以骗取对方信任，从而迷惑敌手，实施反间计谋。

【原典】

人不自害，受害必真；假真真假，间以得行。童蒙之吉，顺以巽也①。

【按语】

间者，使敌人相疑也；反间者，因敌人之疑，而实其疑也；苦肉计者，盖假作自间以间人也。凡遣与己有隙者以诱敌人，约为响应，或约为共力②者，皆苦肉计之类也。如：郑武公伐胡而先以女妻胡君，并戮关其思③；韩信下齐而郦生遭烹④。

【注释】

①童蒙之吉，顺以巽也：出自《易经·蒙》，此句意思是说幼稚蒙昧的孩子之所以能受到人们的喜爱，是因为可以顺着他们的特点逗着他玩耍的缘故。巽（xùn）：谦逊、服从。

②共力：内应。

③关其思：郑国大夫，因主张伐胡而被杀。

④郦生：指的是郦食其（yì jī），刘邦故意派他去劝齐王投降，好使齐王不作准备，后被齐王烹死。

【译文】

任何人都不愿意伤害自己，一旦自己受到了伤害，那一定会使人深信不疑，认为这种伤害是真实的。如果能够利用这种伤害以假乱真，那么离间之计就能够得以施行了。要像欺骗孩童那样欺骗敌人，善于利用敌方急于求胜的心理，顺势而为进行活动。

按语：使用间谍的目的，是使敌人互相猜疑；所谓反间计，指的是抓住敌人内部本来的猜忌，再增加他们的猜疑；所谓苦肉计，则是指向敌人故意袒露自己的间谍身份，获得敌人的信任，再伺机做于我方有利的间谍活动。凡是派遣与自己有仇的人去迷惑敌人，相约为内应，或相约共同起事的，都属于苦肉计这类计谋。比如，郑武公在讨伐胡人之前，先把自己的女儿嫁给胡人的国王为妻，又杀掉了主张攻打胡人的大夫关其思。韩信进攻齐国，齐王把刘邦派来劝说自己投降的郦食其烹死了。

【探源】

《吴越春秋》卷二《合庐内传·第四》就有最早的苦肉计出处：要离自愿断右臂，取得吴王僚的儿子庆忌的信任，得以接近庆忌，最后杀死庆忌，为吴王阖闾除去一大障碍。这是典型的以自残自害的方式取“信”于敌，以达到自己的战略目的。

【用计例说】

《三国演义》第四十六回中，描写了周瑜和黄盖用苦肉计骗过曹操的故事。赤壁之战时，东吴统帅周瑜见曹操听从庞统的计谋，将大船用锁链穿成一体，便觉得如果火攻曹营，曹军大船难以迅速分开，可以一举取胜。但是曹军内部没有我方内应，难以实现计划，因此闷闷不乐。一天晚上，周瑜在军帐中苦思破敌良策，正巧黄盖来营中议事，周瑜便将心中烦闷吐露给黄盖。黄盖听后，表示愿意竭力帮助周瑜，以促成火攻之计。周瑜颇为感动，但也担心黄盖是东吴重臣，此时无故投降曹操，恐怕难以让曹操相信。黄盖说：“我深受孙氏厚恩，虽肝脑涂地，亦无怨悔，请都督制定策略，我必将努力施行。”周瑜拜谢了黄盖，与他制定了“苦肉计”。

第二天，周瑜鸣鼓召集诸将，诸葛亮也在座。周瑜对众将说：“曹操率领百万之众，连营三百余里，与我们隔江对峙已近月余，不是一天可以攻破的。诸位将军可以领三个月的粮草，作长期御敌的准备。”此时，黄盖突然进言说：“依我看，别说是三个月，就是三十个月的粮草，恐怕也没有用。当初大都督在主公面前说几天就能取得全胜，如今却要延误这么久。我看破敌一个月足矣，若是一个月都打不赢曹操，那还不如听张昭的话，早点投降曹操算了，省的现在打这窝囊仗。”周瑜见黄盖不把自己放在眼里，勃然大怒，说道：“我奉主公的命令督兵破曹，主公有言在先，敢有言降者必斩。今两军相敌之际，你敢出此言动摇军心，不杀了你，难以服众！”随之喝令左右将黄盖斩首报来。大将甘宁向前求情说：“黄将军是东吴老将，战功卓著，求都督原谅他吧。”周瑜又喝令左右将甘宁乱棒打出。众将见此情势，便都跪下恳求周瑜饶恕黄盖，周瑜才说：“若不是看在诸位将军的面子上，一定要将黄盖斩首，如今将黄盖先打一百脊杖，以观后效。”打了五十下之后，众将又以黄盖年事已高为他求情，周瑜方才作罢。众将扶起黄盖，见他已经被打得皮开肉绽，不忍卒视。在扶他回营寨的途中，竟然昏过去好几次。鲁肃见东吴诸将都为黄盖求情，只有诸葛亮什么都没说，便问他何故，诸葛亮回答说：“子敬难道不知道公瑾今日毒打黄将军是一个计策吗？不用苦肉计，怎能瞒过曹操？”

事实果然如诸葛亮所见，黄盖故意辱骂周瑜，让周瑜对自己使用“苦肉计”，然后向军机参谋阚泽大发牢骚，希望阚泽能够代自己向曹操示降，阚泽表示愿为黄盖效力，向曹操报告此事。同时，曹操派到周瑜营中的内奸蔡中、蔡和也用密信把黄盖被打的事情报告给了曹操。曹操果然信以为真，并遣阚泽回江东，为黄盖归降传递信息。几日之后，黄盖遣人给曹操捎信说：“如今有鄱阳湖的运粮军到，周瑜差遣我去巡哨，我打算趁今夜三更左右劫粮来降丞相，到时还请丞相来接应我。”曹操得到信息，便依照黄盖所言，做好了接应安排。

当晚，江面吹起东南风，黄盖船队即将接近曹营。谋士程昱看出其中有诈，马上告知曹操黄盖恐是诈降，曹操急令大将文聘率水军去阻击。文聘刚出水寨，便被对方的来箭射中，曹军一阵大乱。这时，黄盖的船队直冲曹营水寨，曹营船只都连在一起，一下子烧成了一片。顷刻间，曹军水师付之一炬，曹操这才知道自己中了周瑜和黄盖联手为自己设下的苦肉计。

第三十五计　连环计

【释义】

连环计，是指将数个计谋好像环与环一个接一个的相连起来施行一样。连环计中任何一计不成功，都会影响整套策略的实施，甚至会以失败而告终。

【原典】

将多兵众，不可以敌，使其自累①，以杀其势②。在师中吉，承天宠也③。

【按语】

庞统使曹操战船勾连④，而后纵火焚之，使不得脱。则连环计者，其法在使敌自累，而后图之。盖一计累敌，一计攻敌，两计扣用，以摧强势也。如宋毕再遇⑤尝引敌与战，且战且却，至于数四。视日已晚，乃以香料煮黑豆，布地上。复前搏战，佯败走。敌乘胜追逐，其马已饥，闻豆香乃就食，鞭之不前。遇率师反攻，遂大胜。皆连环之计也。

【注释】

①使其自累：自累：指自我牵制，自相拖累。

②以杀其势：杀：削弱、消减。势：势力、势头。

③在师中吉，承天宠也：语见《易经·师》，师：即军队。九二爻以一阳统群阴，处于险境。然而只要持中不偏，就大吉大利，犹如秉承了上天的宠爱一样。

④庞统：字士元，襄阳人，三国时刘备的谋士，初与诸葛亮

齐名，号称“凤雏”。在随同刘备攻取西川时阵亡。勾连：连接、钩挂。

⑤毕再遇：字德卿，宋代兖州人，有谋略，精通军事，在与金国的对抗中多次出奇制胜打败敌人。

【译文】

敌人良将精兵众多时，我方不要与之以武力硬拼，应当运用谋略，设法让敌人自相牵制，以削弱其气势。将帅如果根据师卦原理巧妙地运用计谋打仗，就如同得到了上天的帮助一样。

按语：三国时期，赤壁大战之前，被誉为奇才的谋士庞统假装归顺曹操，并向曹操献计，让曹军用铁锁把船舰串联起来。后来周瑜火烧赤壁时，曹军的船舰因为首尾相连，无法摆脱，都被周瑜烧毁了。由此看来，连环计就是让敌人自相牵累，然后再谋求攻克它的方略。因此，使用这条计谋，大体上就是用一计使敌人自相牵累，再用一计攻击敌人，两条计策结合使用，才能摧毁敌人强大的势力。比如，宋朝抗金名将毕再遇曾经引诱金军前来交战，他让军队边打边撤，如此反复多次。他看到天色已晚，便命令部下用香料煮黑豆，撒在撤退的道路上，再前进同敌人作战，紧接着又假装败走。敌人见毕再遇不断退却，以为自己胜局已定，便乘胜追击。但此时敌人的战马已经处于饥饿的状态，闻到毕再遇之前撒在路上的豆子的香气，便俯首吃起豆子来，任人用鞭子抽打也不肯再往前走一步。这时，毕再遇率全军反攻停滞不前的金军部队，一举获得大胜。这些都是连环计的运用例证。

【探源】

关于连环计，前人存在着两种理解。《元曲选》中便有一部名为《连环计》的杂剧，说的是东汉末年，董卓专权，挟天子以令诸侯，一时间怨声不断。司徒王允设计离间董卓与吕布父子，先是把义女貂蝉许嫁给吕布，后又献给董卓，以美人计挑拨二人关系，最后致使吕布杀死董卓。后人就以“连环计”指一个接一个相互关联的计谋。在《三国演义》的第八、九回中，也可以见到这个“王司徒巧使连环计”的故事。另外一种理解是，三国时的赤壁大战中，曹操大军习惯了在陆地上作战，猛一登船作战，非常不适应。谋士庞统此时诈降曹操，然后怂恿他把战船用铁索连结起来，上铺木板以供行走。表面上看，这是为了让曹操的士兵像在陆地上一样在平稳的甲板上作战，计策有利于曹军。而实际上，这是庞统与周瑜早就定下的计策，这些船只串连到一起，待周瑜火攻赤壁时，船只便无法瞬间分开，因此无法逃脱。后来周瑜又用苦肉计派黄盖诈降，从而用一个个串联起来的计策取得了胜利。这个故事可见《三国演义》第四十七至四十九回。《兵法圆机·迭》中说：“大凡用计者，非一计之可孤行……百计迭出，算无遗策，虽智将强敌，可立制也。”说的就是在对敌作战时，应该采用多种计谋，使之环环相扣，这样一来，无论对方智谋再高，都能为我所制伏。从这个角度言之，周瑜连续使用多重计策最终克曹，应该是三十六计中连环计的源头。

【用计例说】

三国时期，刘备攻打汉中，曹操亲自带兵前来拦阻，两军在汉水两岸隔河相峙。诸葛亮让赵云统领五百军士，给他们配发了战鼓号角，让他们在河水上游埋伏，一旦得到信号，只需大力擂鼓助威，不要出战。赵云领命，率部下去设伏了。

第二天，曹军前来蜀军阵前叫阵，但蜀军闭门不出，曹军只得退去。夜里，诸葛亮见敌军营中灯火熄灭，便给赵云发出信号，赵云那边马上鼓号齐鸣。声响震耳欲聋，很快传到曹营，曹军以为蜀军偷袭，急忙起来应战，但没看见一个蜀兵，便又睡下。可刚刚睡下，对岸又鼓角齐鸣，曹兵再次整军备战，结果还是没有对方的影子。诸葛亮让赵云连续这般搞了三夜，曹军无法入睡，一个个筋疲力尽，曹操没有办法，只得退后三十里重新扎营。

见曹军退后，蜀军便渡过汉水，在岸边扎营。转天，曹操带领兵马前来挑战。蜀军交战几个回合便败退了，士兵们一个个向水边奔逃，连兵器战马都不要了。曹兵随后追赶过来，争相去捡蜀军遗落的兵器马匹，根本不听曹操追击的命令。曹操见此情况，恐其有诈，正要收兵停止追击时，突然看到刘备率军反戈一击，黄忠、赵云从自己的侧翼也杀将过来。曹军之前已经军心涣散，难以抵抗蜀军的攻势，败退到了南郑。可当曹操逃到南郑后，才发现南郑也已经被张飞和魏延攻克了，于是马不停蹄地逃往阳平关。

诸葛亮见曹操败逃，便火速下令，叫张飞、魏延去截断曹兵粮道，又让黄忠和赵云放火烧山。这样一来，曹操虽然驻守在阳平关，但粮道被截、山野被烧，他的后勤已无保障，如果继续留在阳平关，恐怕会被困死。于是他率全军出击，希望和蜀军决一死战。而蜀军又是战了几个回合便全军败退，曹操追击一阵，也怕中埋伏，就转回阳平关。这时蜀兵故技重施，返身杀回。曹操心中非常恐惧，急忙放弃城池，率近侍部队突围，到斜谷界口驻扎。然而蜀兵又浩浩荡荡杀了过来，直逼曹操部队，曹操实力大伤，只能勉强应战，被魏延一箭射掉了两个门牙，领兵逃回了许都，刘备遂顺利攻取了汉中。这场战役的胜利与诸葛亮巧妙布局是分不开的：他先是布置疑兵，使敌人疲劳；再过河扎营，诱敌深入；然后釜底抽薪，断曹操的粮道，逼其出来决战；随后再次诱敌深入，故技重演，最终以一串连环之计迫使曹操放弃汉中。

第三十六计　走为上计

【释义】

走为上计，指的是遇到强敌或陷于困境时，以离开回避为最好的策略。多用于做事时，如果形势不利、没有成功的希望，就选择退却、逃避，以保全自身。

【原典】

全[①]师避敌，左次无咎，未失常也[②]。

【按语】

敌势全胜，我不能战，则：必降、必和、必走。降则全败；和则半败；走则未败。未败者，胜之转机也。如宋毕再遇与金人对垒，度[③]金兵至者日众，难与争锋。一夕拔营去，留旗帜于营，豫[④]缚生羊悬之，置其前二足于鼓上，羊不堪悬，则足击鼓有声。金人不觉为空营，相持数日，乃觉，欲追之，则已远矣。可谓善走者矣！

【注释】

①全：使……得到保全。

②左次无咎，未失常也：语出《易经·师》。左次：是指军队向后撤退。古时兵家尚右，右为前，指前进；左为后，指退却。本句意为无论军队驻扎在左边还是右边，要根据地理环境和敌我形势来确定，驻扎在左边如果没有错，是因为它没有违背行军的一般原则。

③度（duó）：考虑、思量。

④豫：事先、预先。

【译文】

为了保全军队而选择暂时退却，以避开强敌，这种以退为进的军事策略并不违背正常的用兵法则。

按语：如果敌人的力量处于绝对优势，我方已经无力再与之对抗时，可以采取的策略有三种：投降、求和和撤退。如果选择投降，就意味着我方彻底失败；如果选择求和，也意味着自己的败局也有一半；而如果暂时撤退，则意味着自己并没有完全失败。既然没有失败，就有反败为胜的转机。比如，宋代名将毕再遇与金国军队对抗时，因为金兵强大，暂时无法与之对抗，就在一天夜里突然把队伍全部撤走，但是仍然把旗帜留在营寨中，并预先把一些羊倒吊起来，把它们的前腿放在鼓上，羊被倒吊得很难受，两腿乱动敲响了战鼓，发出咚咚的响声。金人每天都能听到毕再遇军营传来的鼓声，因此没有起疑心。几天之后，金人才发现了真相，但为时已晚，毕再遇已经率领军队走得很远了。这正是一个“走为上”的绝好例证。

【探源】

走为上计，又作“走为上”、“走为上着”。“三十六计走为上”的说法至少在南北朝时期就已经有了，例如《南齐书·王敬则传》中说：“是时上疾已笃，敬则仓卒东起，朝廷震惧。东昏侯在东宫，议欲叛，使人上屋望，见征虏亭失火，谓敬则至，急装欲走。有告敬则者，敬则曰：‘檀公三十六策，走是上计。汝父子唯应急走耳。’”这里的“走”表面是退却，是被动的转移，其实从另一个意义上说，“走”可以保全我方的有生力量，唯有主动避让，才能为日后再战积蓄实力。等到机会合适，我方便可以重新集结力量，打败敌人。以退为进，正源于此。我国另一部兵书《兵法圆机·利》也有：“避而有所全，则避也。”避：指主动撤退。全：指获得保全。意思是说，撤退如果能够保全我们的力量，那这时就应该果断选择撤退。另如宋代惠洪的《冷斋夜话》卷九中也说：

"渊材曰：'三十六计，走为上计。'"此语后人不断沿用，及明末清初，引用此语的人更多。

【用计例说】

春秋初期，楚国日益强盛，楚将子玉率领大军攻打晋国。楚国还胁迫陈、蔡、郑、许四个小国协作出兵，配合楚军行动。晋文公闻讯，分析了形势，认为目前楚国实力强盛，而晋国刚刚打过仗，还在恢复期，实力和士气都不如楚国。据此，晋文公决定不与楚国硬碰硬交战，让全军暂时后退，以避楚军锋芒。他对外说之所以选择先撤退，是因为当年与楚国交好时，曾与楚君有个约定，即如果两国不得已交兵时，晋国为报答当年楚国对晋国国君的礼遇，会在战场上先退避三舍。所谓一舍是三十里，三舍就是九十里。晋文公撤到了位于晋国边界的城濮。这个地方背靠太行山，有黄河天堑作为凭仗，易守难攻。文公一方面加固城防，另一方面让人前往秦国和齐国求助。

子玉率部追到城濮时，晋文公早已严阵以待，他已提前探明了楚国军情，知道楚国左、中、右三军中以右军实力最弱，便设计攻其右军。正巧楚国以右军为先锋，当两军遭遇时，晋军佯装不敌，转头撤退，楚国右军以为晋军已败，便紧追不舍。忽然晋军中杀出一支奇兵，驾车的马都被蒙上了虎皮。楚右军的战马以为是真虎，吓得转头逃窜，右军大败。晋文公又派士兵假扮成楚国右军的士卒，向子玉报捷说右师已胜，希望子玉赶快进兵。

子玉登高远望，见晋军阵中烟尘蔽天，应该是逃跑时踏出的尘土飞扬之状，便令左军追击晋军。其实，这是文公的诱敌深入之计，他让士兵在战马腿上绑上树枝，来回奔跑，故意弄出烟尘蔽日的假象，以迷惑楚军。而当楚军到达晋军埋伏地点时，很快被晋军主力团团围住。子玉这时才发现，右军和左军都损失惨重，楚军败局已定，只好在左右的护卫下仓皇突围，才得以保全性命。在这个故事中，晋文公多次撤退，制造一个又一个"走"的假象，这些都不是真的消极退却，而是以退为进，寻觅战机，最终也收获了胜局。

参考文献

[1] 刘世茂，刘浪，周忠，等 . 三十六计 [M]. 呼和浩特：内蒙古人民出版社，2001.

[2] 东野君 . 三十六计 [M]. 哈尔滨：黑龙江人民出版社，2003.

[3] 刘国建 . 三十六计 [M]. 郑州：中州古籍出版社，2004.

[4] 陈洋 . 三十六计一日一得 [M]. 哈尔滨：哈尔滨出版社，2006.

[5] 王耀文 . 三十六计详解 [M]. 北京：中国戏剧出版社，2006.

[6] 云中天 . 人生三十六计 [M]. 南昌：百花洲文艺出版社，2006.

[7] 陈学东 . 三十六计 [M]. 杭州：浙江少年儿童出版社，2008.

[8] 任俊华，赵清文 . 三十六计正宗 [M]. 北京：华夏出版社，2008.

[9] 王松 . 读三十六计，悟做事之技 [M]. 北京：中国华侨出版社，2008.

[10] 文武 . 三十六计活学活用 [M]. 北京：中国物资出版社，2008.